Kaj Munk · Fünf politische Predigten

Kaj Munk

# Fünf politische Predigten in einem besetzten Land

Übersetzt und herausgegeben von
Paul Gerhard Schoenborn

NordPark

**Bibliografische Information der Deutschen Nationalbibliothek**

Die Deutsche Nationalbibliothek verzeichnet diese Publikation in der Deutschen Nationalbibliografie; detaillierte bibliografische Daten sind im Internet über http://dnb.d-nb.de abrufbar.

Originalausgabe 2024
(Neuauflage des 2018 als Besonderes Heft im NorPark Verlag erschienenen Textes)

Satz: Alfred Miersch
Herstellung: Books on Demand GmbH, Norderstedt
Printed in Germany
ISBN 978-3-943940-84-8
NordPark Verlag ·
Wuppertal und Radevormwald
Büro: Honsberger Str. 32A ·
D-42477 Radevormwald
www.nordpark-verlag.de

Inhalt

**Für**

**Jens Kristian Lings**

# Vorwort

Christliche Predigten haben stets mehrere Dimensionen: Sie legen die biblische Botschaft aus und geben Grundstrukturen der christlichen Glaubenslehre weiter. Sie helfen auf der Suche nach dem Lebenssinn, trösten und machen Mut. Sie schärfen die Gewissen und korrigieren die Lebensführung. Sie drängen auf solidarische Aktionen und klagen im Namen Jesu an. Sie zeigen Alternativen zum Bestehenden und vermitteln Zukunftsperspektiven.

Christliche Predigten sind daher nie unpolitisch. Sowohl Prediger als auch Predigthörer oder -leser leben ja in politischen Zusammenhängen. Sie sind geprägt von den Konsequenzen gesellschaftlicher und wirtschaftlicher Verhältnisse. Ob sie sich darum kümmern, was politisch um sie herum passiert, oder ob sie es gleichgütig ignorieren – ihr Tun und Lassen hat politische Auswirkungen.

Christliche Predigten bilden das auf ihre Weise ab: Sie stabilisieren die politischen Verhältnisse, wenn sie fragliche oder gefährliche Entwicklungen nicht in den Blick nehmen, sondern verschweigen. Sie verstärken dagegen alternatives oder widerständiges Potential, wenn sie unhaltbare Zustände benennen und anklagen.

Christliche Predigten sind der biblischen Botschaft und deren prophetischen, an Gerechtigkeit und Frieden unter den Menschen orientierten Horizonten verpflichtet. So sind sie immer wieder zu wichtigen Faktoren im Widerstand eines Volkes gegen Unrecht und Friedlosigkeit geworden.

Das gilt auch von den hier wiedergegebenen Übersetzungen von „Fünf politischen Predigten in einem besetzten Land" des dänischen Dichterpfarrers Kaj Munks. Sie haben, als sich der Widerstand gegen die deutsche Okkupation formierte und es gefährlich wurde, vielen Dänen Klarheit gegeben und ihren Mut gestärkt. Als Untergrundliteratur!

Meine deutschen Übersetzungen sind dem Schriftsteller Jens Kristian Lings aus Fjaltring/Dänemark, dem Gründer der Kaj-Munk-Gesellschaft, gewidmet. Bis heute setzt dieser sich unermüdlich dafür ein, dass Kaj Munks christlicher, idealistischer Kampf gegen Materialismus und Säkularismus der modernen Zeit weiterwirkt.

Paul Gerhard Schoenborn

# Der Märtyrer Kaj Munk

An der Chorseite der alten Vedersøer St. Sebastianskirche liegen drei schlichte Gräber. Hier ruhen Kaj Munk und seine Ehefrau Lise, geborene Jørgensen, und ihr Sohn Helge. Am Eingang zum Friedhof findet man ein Denkmal mit der Büste Kaj Munks. Im Seitenschiff der Kirche hängt eine Gedenktafel für ihn mit seinem Lieblingschoral:

> *Ich erwarte dich, Herr Jesus, zum Gericht;*
> *jeden Augenblick schaue ich danach aus.*
> *Schnell und unverhofft kannst du kommen*
> *zu jeder Tages- oder Nachtstunde.*
> *Lass meines Herzens Lampe bereit sein und brennen*
> *in Glaube, in Hoffnung und in Liebe.*
> *Wenn ich schlafe oder wache, so bin ich dein,*
> *wenn ich lebe oder sterbe, so bist du mein.*
> *Und wenn du kommst, komme zart und mild*
> *und mache mich selig in Ewigkeit.*
> (Den Danske Salmebog, Nr. 269)

Ungefähr zehn Kilometer westlich von Silkeborg, in den Hørbylunde Bakker an der ehemaligen A 15 steht ein großes archaisches Kreuz aus Granit - ohne Inschrift, ohne Namen oder Jahreszahl. Aber jeder Däne weiß: Hier wurde Kaj Munk von einem deutschen SS-Kommando erschossen. *„Kaj Munk starb am 4. Januar 1944 für sein Vaterland. Einige müssen sich opfern, damit andere leben können"*, setzten Freunde als Inschrift auf einen Gedenkstein, den sie auf dem Ravnsbjerg südlich von Linde bei Holstebro errichteten.

## Warum wurde Kaj Munk ermordet?

*„Wenn man hier im Lande mit der Verfolgung einer gewissen Gruppe unserer Landsleute anfängt, nur um ihrer Abstammung willen, dann ist es christliche Pflicht der Kirche zu rufen: 'Das ist gegen das Grundgesetz im Reiche Christi, die Barmherzigkeit, und das ist verabscheuungswürdig für jedes freie nordische Denken.' Geschieht das noch einmal, dann wollen wir mit Gottes Hilfe versuchen, das Volk zum Aufruhr zu bringen. Denn ein christliches Volk, das tatenlos zusieht, wenn seine Ideale mit Füßen getreten werden, gibt dem tödlichen Keim der Verwesung Einlass in seinen Sinn, und Gottes Zorn wird es treffen."*

Diese Sätze entstammen der Predigt, die Kaj Munk am 5. Dezember 1943 im Kopenhagener Dom hielt. Er war zu dieser Zeit in der dänischen Hauptstadt unerwünscht und durfte die Kanzel eigentlich nicht betreten. Aber er hielt die Predigt auf Wunsch seines Amtsbruders dennoch, und er drohte darin mit Aufruhr wegen der Judenverfolgung durch die Deutschen.

Genau einen Monat später, am 5. Januar 1944, fand man frühmorgens die Leiche von Pastor Munk in den Hørbylunde Bakker bei Silkeborg. Am Abend zuvor hatte ihn ein SS-Kommando in seinem Pfarrhaus in Vedersø verhaftet. Als er seine Frau Lise, die mit fünf kleinen Kindern zurückblieb, zum Abschied umarmte, sprach er ihr Mut zu: „Vertraue auf Gott!" Das Auto der SS fuhr lange durch die Nacht, hielt schließlich unterwegs, und Kaj Munk wurde kaltblütig erschossen. Es war ein von Hitler und Himmler angeordneter Terrorschlag. Mit der Ermordung Kaj Munks sollte der Widerstand im dänischen Volk gegen die Besetzung durch das Großdeutsche Reich eingeschüchtert werden.

## Wer war Kaj Munk?

Kaj Munk wurde am 13. Januar 1898 in Maribo auf Lolland geboren. Sein Vater war Gerbermeister, Besitzer eines eigenen Betriebes, seine Mutter stammte von einem Bauernhof. Beide Eltern starben, als Kaj noch sehr jung war. Er wurde von kinderlosen Verwandten, Kleinbauern in Opager bei Maribo, adoptiert. Diese hielten sich zu erwecklichen Kreisen. Die Freude an Gottes Wort und die standfeste Gläubigkeit seiner neuen Eltern, besonders der durch ein heimtückisches Beinleiden behinderten Mutter Marie, prägten ihn entscheidend. Sein Lehrer in der Volksschule, Martinus Wested, und ein junger Pastor in der Gemeinde, Oscar Geismar, Volkspädagogen im Sinne Grundtvigs, förderten sein literarisches Talent. Ihnen verdankt er die Ehrfurcht vor den christlichen Werten, die das dänische Volk bestimmten, und sie weckten in ihm die Freude an Geschichte und Literatur. Schon als junger Mensch verfasste Kaj Munk beachtliche Texte: Balladen, Gedichtzyklen, Dramen. Er überlegte sogar, das Theologiestudium in Kopenhagen abzubrechen und Schriftsteller zu werden. Davon hielten aber seine Eltern nichts, die ihm das Studium unter großen Opfern ermöglichten.

## Fromm und begabt

Zwanzig Jahre lang, von 1924 bis zu seiner Ermordung 1944, lebte und arbeitete Kaj Munk hingebungsvoll als Pfarrer in Vedersø an der jütländischen Nordseeküste. Bis heute erzählt man sich dort viele Geschichten, die man mit ihm erlebte - dem treuen Seelsorger, dem leidenschaftlichen Jäger, dem fröhlichen Familienvater, dem entschiedenen Gegner einer Alkohol-Lizenz für Vedersø-Klit-Badehotellet. Aber er führte hier in Vedersø auch seine literarischen Arbeiten weiter. Im Jahre 1928 spielte das Königliche Theater in Kopenhagen erstmals sein Bühnenstück über Herodes den Großen: „Ein Idealist". Dadurch wurde er als Dramatiker bekannt.

Zwei Schauspiele vor allem begründeten seinen Ruhm: „Das Wort" heißt das eine. Es spielt unter den Bauern eines jütländischen Dorfes und handelt vom unfassbaren, frühen Sterben, vom Glauben an das Wunder der Auferweckung, von Vernunft und Wahnsinn. Den Anlass zu diesem Schauspiel gab ein trauriges Geschehen 1925 in Kaj Munks Gemeinde, das ihn tief erschütterte. Eine junge Bäuerin, Marie Sand, und ihr Kind starben im Kindbett. Ihr Grab befindet sich südwestlich der Vedersøer Kirche. 1955 schuf der dänische Regisseur Carl Theodor Dreyer nach Munks Drama den berühmten Film „Ordet" - „Das Wort".

Das andere Theaterstück, „Er sitzt am Schmelztiegel", hat die Verfolgung der Juden in Hitlerdeutschland zum Thema und rechnet mit dem vergeblichen Versuch einiger deutscher Gelehrter ab, den Juden Jesus zum Arier zu machen. Bis zum Beginn des Zweiten Weltkriegs sahen mehr als 160.000 Zuschauer dieses Schauspiel und hörten, was darin ein deutscher Theologe einem nationalsozialistischen Minister vorhält:

*„Ein Jude hat meinen deutschen Mund gelehrt, jeden Morgen und jeden Abend zu beten: 'Vergib uns unsere Schuld, wie wir vergeben unseren Schuldigern.' Geben Sie den Juden Lebensrecht in unserem Volk. Denn die Menschenrechte anderen Menschen wegnehmen heißt, sich selbst zum Verbrecher zu machen."*

## Kaj Munks politische Ansichten

Kaj Munk wurde in den dreißiger Jahren auch zum viel gelesenen Kolumnisten der großen dänischen Tageszeitungen. In elf Jahren veröffentlichte er mehr als 600 Artikel zu allen möglichen Themen aus Kirche, Kultur und Politik. Den Parlamentarismus in seiner Ausprägung nach dem Ersten Weltkrieg sah er als für die Entwicklung eines Volkes ungeeignet an und gab dieser Überzeugung in Wort und Schrift deutlich Ausdruck. Dagegen sah er in der gestaltenden Kraft von Mussolinis Faschismus in Italien einen geschichtlichen Ordnungsfaktor, den er als Modell für die Entwicklung Skandinaviens für wünschenswert hielt. Auch die sich nach 1933 wirtschaftlich bessernden Verhältnisse in Deutschland unter Hitler schienen ihm in dieselbe Richtung zu deuten. Kaj Munk war der Ansicht, dass aufrichtige und aufopferungsbereite Führergestalten mit Idealismus und Überzeugungskraft in ihren Völkern positive Entwicklungen in Gang setzen können. Er war deswegen in Dänemark durchaus umstritten.

Die weitere Politik Mussolinis und Hitlers ließen ihn auf kritische Distanz zu den Diktatoren gehen. Mussolinis Abessinienkrieg verurteilte er ganz und gar und gab seiner Kritik Ausdruck in dem Drama „Sejren" („Der Sieg"). Er kommentierte auch die Entwicklung im nationalsozialistischen Nachbarland Deutschland zunehmend kritisch. Hitlers unmenschliche Behandlung der Juden in Deutschland empörte ihn zutiefst. Am 17. November 1938 - eine Woche nach dem reichsweiten Pogrom in Deutschland - erschien in der Tageszeitung „Jyllands-Posten" sein offener Brief an Mussolini. Darin beschwor Kaj Munk den Duce, Hitler von den Judenverfolgungen abzubringen, sie seien eines großen Kulturvolkes wie des deutschen unwürdig. Der eigentliche Adressat des Briefes aber war die dänische Öffentlichkeit.

Munk artikulierte in ihm Abscheu und Entsetzen der Mehrzahl der Dänen gegenüber der „Reichskristallnacht". Er sensibilisierte seine Landsleute damit in hohem Maße gegen Rassenideologie und Antisemitismus des großen Nachbarn im Süden. Eine Folge war, dass sich die Dänen im Herbst 1943 dem deutschen Versuch widersetzten, das Land „judenrein" zu machen; sie retteten ihre jüdischen Mitbürger fast vollständig nach Schweden hinüber.

## Widerstand mit dem offenen Wort

Nach der Besetzung Dänemarks am 9. April 1940 wurde Kaj Munk zur Symbolfigur des Widerstands gegen die deutsche Besatzungsmacht. Sein öffentlicher Protest war nachhaltig und scharf. Die Kollaboration vieler seiner Landleute lehnte er ab. Er war davon überzeugt, dass die Dänen etwas tun müssten, um die Fremdherrschaft abzuschütteln - und das ging nur durch Gewalt. Darum schrieb er das Schauspiel „Niels Ebbesen". Dieser „Wilhelm Tell Dänemarks" verhinderte einst durch einen Aufstand, dass ein Deutscher, der holsteinische Graf Gert, sich ganz Jütland unterwarf. Kaj Munk las an vielen Orten öffentlich sein Manuskript vor. Die dänische Untergrundbewegung verbreitete den Text des Schauspiels in Tausenden von Exemplaren. In Vedersø wird „Niels Ebbesen" von Zeit zu Zeit durch die Bevölkerung am See bei dem alten Pastorat aufgeführt.

Auch in Munks Predigten aus diesen Jahren finden sich unmissverständliche Aufrufe zum Widerstand. Diese Predigten wurden 1941 und 1942 in zwei Bänden veröffentlicht, bis zum Kriegsende in fünf Auflagen mit insgesamt 25.000 Exemplaren. Viele dieser Bücher gelangten nach Norwegen und ermutigten auch dort die Christen zum Widerstand.

Weil Kaj Munk der Zensur ausgesetzt war, erschienen drei weitere eindeutig politische Predigten im Untergrund. Der eigens dafür gegründete Verlag „Paaskeliljen" („Osterglocken") wurde nach Fertigstellung der Broschüre wieder aufgelöst. Seine Adventspredigt im Kopenhagener Dom, die er eigentlich nicht halten durfte, wurde hektographiert im Untergrund verbreitet. Die Neujahrspredigt, in der er die Kollaboration mancher seiner Gemeindemitglieder scharf verurteilte, wurde erst nach der Befreiung Dänemarks veröffentlicht.

Dass Kaj Munk sich durch sein offenes Wort in Lebensgefahr brachte, war ihm wohl bewusst. Er liebte das Leben und suchte den Märtyrertod nicht. Aber er wollte und konnte die Wahrheit nicht verschweigen.

*„Die Kirche ist der Ort, wo das Unrecht in den Bann getan, die Lüge entlarvt, die giftige Bosheit angeprangert werden muß - der Ort, wo Barmherzigkeit geübt werden soll als Quelle des Lebens, als Herzschlag der Menschheit."*

Im dänischen Volk ist Kaj Munk als christlicher Märtyrer des politischen Widerstands unvergessen.

# Tre Prædikerner

# Drei Predigten

In der Zeit nach Neujahr 1943 überließ Kaj Munk dem Vorsitzenden der „Dansk Samling“ Arne Sørensen drei Predigten, die er kurz zuvor gehalten oder niedergeschrieben hatte:

- eine Adventspredigt über Johannes den Täufer für den dritten Adventssonntag,
- eine Predigt zum zweiten Weihnachtstag über „Das Jesuskind und Stephanus“ über den dafür seit Alters bestimmten Text aus der Apostelgeschichte:
- und eine Neujahrsansprache ohne Bibeltext: „Christus und Dänemark“.

Kaj Munk fühlt sich um der Wahrheit willen verpflichtet, Klartext zu reden in der politischen Situation Dänemarks: „Es gibt Leute, die sich einbilden, man könnte die Wahrheit einsalzen; einsalzen, glauben sie, in einem Bottich mit Salzlauge halten und dann bei Bedarf, wenn es einem passt, etwas davon herausholen und verbrauchen. Die irren sich. Die Wahrheit kann man nicht konservieren. Sie existiert nur in lebendigem Zustand. Und sie muss gerade in dem Augenblick benutzt werden, in dem sie sich kundtut. Wenn das nicht geschieht, dann stirbt sie; sie verwest und erweist sich sehr bald als Verderben. Denn die gefährlichste von allen Lügen ist die tote Wahrheit.“

Im Lichte des Evangeliums benannte Kaj Munk klar, dass Hitlers Eroberungskriege scheitern mussten, dass aber gerade deswegen der nationalsozialistische Terror wütete. Er protestierte laut dagegen, dass viele seiner dänischen Landsleute sich arrangiert hatten mit der deutschen widerrechtlichen Besetzung ihres Vaterlandes, ja dass manche sogar gut verdienten am Krieg und mit der Besatzungsmacht vorteilhafte Geschäfte machten. Und er klagte öffentlich an, dass Dänen, die sich dagegen auflehnten, in Gefängnisse oder Konzentrationslager geworfen wurden. Er musste in seinen biblischen Predigten deutlich werden: „Die Feder brennt mir in der Hand, als wäre sie von glühendem Eisen, während ich diese Worte hinschreibe. Aber ich werde diese eiserne Bürde tragen. Warum? Darum, dass ich ein Christ bin; darum, dass ich auf der Kanzel stehe; darum, dass das Evangelium heute das Wort Jesus nennt. Er ist's, der mich aufstehen heißt."

Kaj Munks „Tre Prædikerner" sind politische Predigten. Sie wenden sich auch gegen die Selbstgenügsamkeit seiner dänischen Landsleute. „Ich bringe es nicht fertig, Gott zu danken, 'dass wir vom Kriege verschont geblieben sind'", sagt er in der Neujahrspredigt. Und: „Für uns und unsere Sache lassen wir andere bluten. Wir haben unsere Seele dem bösen Geist des Kompromisses verkauft und haben den Pakt mit dem Blut anderer unterzeichnet. Daher kommt es, dass es uns so gut geht."

Er fordert die dänische Regierung auf, gegen Kriegsgewinnler schärfstens vorzugehen: „Unser Volk zerfällt immer mehr in Arme und Reiche. Ihr sollt das Kriegsgewinnlertum mit christlicher Unbarmherzigkeit verfolgen, diejenigen mit Steuern schlagen, die Blutgeld verdienen, bis sie selber anfangen zu bluten und ihr Geld unter die Tausende verteilen, die unter der Teuerung und dem Schwindel der Ersatzwaren dahinkümmern. ..."

Er ruft - ebenfalls in der Neujahrspredigt - zur Verwirklichung einer Demokratie auf, die diesen Namen verdient: „Ihr sollt treu sein den gottgeheiligten Idealen der Demokratie: Zwingt keines Menschen Gewissen!" und warnt: „Es kann die gefährlichsten Folgen für Land und Volk haben, seinen Idealen untreu zu werden. Gib uns Mut, wieder zurückzukehren zur Treue gegenüber dem, woran wir glauben - und wenn sich darüber auch die Gefängnisse bis zum Bersten füllen."

Wer jetzt die Verhältnisse kritisch beleuchte und wie Johannes der Täufer öffentlich sagt: „Es ist nicht recht!", dem ergehe es genau so wie dem Propheten am Rande der Wüste damals. Den politischen Gefangenen in Dänemark und Norwegen ruft Kaj Munk zu: „Und ihr nun, meine Landsleute, die ihr in den Gefängnissen der Staatsgewalt schmachtet, weil ihr hörtet, wie euch die Stimme der Wahrheit aufrief - ich bitte zu Gott, dass ihr stark und treu sein möget gegenüber eurem eigenen Gefühl, recht gehandelt zu haben."

Kaj Munk macht unverhohlen Front gegen den Antisemitismus und die Terrorherrschaft des nationalsozialistischen Deutschlands in großen Teilen Europas. „Wendet niemals Gewalt an gegenüber anderen Religionen - es seien denn die Religionen der Gewalt selber! Lasst jedem Menschen Recht und Gerechtigkeit widerfahren! Scheut wie die Pest die Verfolgung von Wehrlosen!", sagt er in seiner Neujahrspredigt. Und es ist der imperialistische Kriegstreiber Adolf Hitler gemeint, wenn er seine Weihnachtspredigt mit diesem Aufruf schließt: „Tod und Verderben über die, die Krieg über die Welt bringen! Lasst Taten des Friedens aufmarschieren! Lasst die Menschen damit aufhören, Bestien zu sein und stattdessen zu lernen, Schritte auf dem Weg der Entwicklung zu tun, Menschen nach dem Bilde Gottes zu werden."

Diese drei politischen Predigten sollten als Broschüre veröffentlicht und zugunsten der Partei „Dansk Samling" vertrieben werden. Wegen des Verfassers und wegen des Inhalts fand sich aber kein Verlag zur Veröffentlichung bereit. So wurde eigens zur Herausgabe von „Tre Prædikerner" der Verlag „Paaskeliljen" in Struer gegründet. 26.000 Exemplare wurden gedruckt und fanden schnell ihre Leserinnen und Leser. Es erschien auch sogleich eine schwedische Ausgabe „Kristus och Danmark" in Stockholm. „Tre Prædikerner" des Jahres 1943 gehören zur dänischen Widerstandsliteratur. Die Broschüre wurde unter der Hand durch die Freiheitsbewegung an die Leserinnen und Leser gebracht. Notierenswert ist die Reaktion der dänischen Nationalsozialisten:

Die dänische Zeitung „National-Socialisten" entrüstete sich in der Ausgabe vom Freitag, dem 11. Juni 1943: „Eine Hetzsammlung mit einem christlichen Anstrich - Aufs Neue mischt sich der Vedersø-Pfarrer Kaj Munk ein, diesmal mit „Drei Predigten", gedruckt in Struer". Weiter heißt es: „Einer der übelsten Hetzer, der sich jeglicher Neuorientierung widersetzt, ist der Pastor aus Vedersø Kaj Munk. Unsere Leser werden vielleicht seine früheren zweifelhaften Verdienste in Erinnerung haben, zum Beispiel das verbotene Hetzbuch, das er mit dem Titel „Niels Ebbesen" zu versehen wagte, womit er den Namen eines der großen Helden Dänemarks besudelte. Auch sein „Erinnerungsbuch" ist noch nicht ganz vergessen, selbst wenn die Hetze darin geschickt verpackt ist. ... Was er sich neuerdings geleistet hat, ist eine kleine Predigtsammlung „Tre Prædikerner", herausgegeben in einem Verlag, der sich „Forlaget Passkeliljen" in Struer nennt und in M. Christensens Bogtrykeri im selben Ort gedruckt wurde. Selbstverständlich wurde das Buch nicht in der Tagespresse angekündigt und findet auch keinen Platz im Schaufenster der Buchhändler. Bekannt gemacht wird es nur über unzählige unterirdische Kanäle, die im Augenblick die dänische Gesellschaft unterminieren, und es wird nur verkauft an „Freundeskreise" und treue Anglophile und Sowjetfreunde ... "

Nach Kaj Munks Ermordung im Jahre 1944 wurden im dänischen Untergrund weitere Neuauflagen verbreitet, auf Kriegspapier, mit der Schreibmaschine abgetippt, mit einfachen Vervielfältigungsgeräten gedruckt. Nach der Befreiung Dänemarks erschienen gleich im Mai 1945 wieder im „Forlaget Passkeliljen" eine zweite und eine dritte Auflage.

Den dänischen Text der drei Predigten findet man in dem Band „Prædikerner“ der Kaj Munk Mindeudgave, Kopenhagen 1948, Seite 321ff.

Ferner in der elektronischen Kaj-Munk-Studienausgabe unter:

https://www.studieudgaven.kajmunk.aau.dk/tekster/vis/prædikener/94224/Johannes%20og%20Jesus

https://www.studieudgaven.kajmunk.aau.dk/tekster/vis/prædikener/96445/Jesusbarnet%20og%20Stefanus

https://www.studieudgaven.kajmunk.aau.dk/tekster/vis/prædikener/98093/Kristus%20og%20Danmark

## Johannes und Jesus (3. Adventssonntag 1942)

(1) Zu der Zeit kam die Kunde von Jesus vor den Landesfürsten Herodes. (2) Und er sprach zu seinen Leuten: Das ist Johannes der Täufer; er ist von den Toten auferstanden, darum tut er solche Taten. (3) Denn Herodes hatte Johannes ergriffen, gefesselt und in das Gefängnis geworfen wegen der Herodias, der Frau seines Bruders Philippus. (4) Denn Johannes hatte zu ihm gesagt: Es ist nicht recht, dass du sie hast. (5) Und er hätte ihn gern getötet, fürchtete sich aber vor dem Volk; denn sie hielten ihn für einen Propheten. (6) Als aber Herodes seinen Geburtstag beging, da tanzte die Tochter der Herodias vor ihnen. Das gefiel dem Herodes gut. (7) Darum versprach er ihr mit einem Eid, er wolle ihr geben, was sie fordern würde. (8) Und wie sie zuvor von ihrer Mutter angestiftet war, sprach sie: Gib mir hier auf einer Schale das Haupt Johannes des Täufers! (9) Und der König wurde traurig; doch wegen des Eides und derer, die mit ihm zu Tisch saßen, befahl er, es ihr zu geben, (10) und schickte hin und ließ Johannes im Gefängnis enthaupten. (11) Und sein Haupt wurde hereingetragen auf einer Schale und dem Mädchen gegeben; und sie brachte es ihrer Mutter. (12) Da kamen seine Jünger und nahmen seinen Leichnam und begruben ihn; und sie kamen und verkündeten das Jesus. (Matthäus 14, 1-12)

(2) Als aber Johannes im Gefängnis von den Werken Christi hörte, sandte er seine Jünger (3) und ließ ihn fragen: Bist du es, der da kommen soll, oder sollen wir auf einen andern warten? (4) Jesus antwortete und sprach zu ihnen: Geht hin und sagt Johannes wieder, was ihr hört und seht: (5) Blinde sehen und Lahme gehen, Aussätzige werden rein und Taube

**hören, Tote stehen auf, und Armen wird das Evangelium gepredigt; (6) und selig ist, wer sich nicht an mir ärgert. (7) Als sie fortgingen, fing Jesus an, zu dem Volk von Johannes zu reden: Was seid ihr hinausgegangen in die Wüste zu sehen? Wolltet ihr ein Rohr sehen, das der Wind hin und her weht? (8) Oder was seid ihr hinausgegangen zu sehen? Wolltet ihr einen Menschen in weichen Kleidern sehen? Siehe, die weiche Kleider tragen, sind in den Häusern der Könige. (9) Oder was seid ihr hinausgegangen zu sehen? Wolltet ihr einen Propheten sehen? Ja, ich sage euch: er ist mehr als ein Prophet. (10) Dieser ist's, von dem geschrieben steht (Maleachi 3,1): „Siehe, ich sende meinen Boten vor dir her, der deinen Weg vor dir bereiten soll." (11) Wahrlich, ich sage euch: Unter allen, die von einer Frau geboren sind, ist keiner aufgetreten, der größer ist als Johannes der Täufer; der aber der Kleinste ist im Himmelreich, ist größer als er. (Matthäus 11, 2-11)**

Johannes der Täufer war ein unvorsichtiger Mann. Er glaubte an die Wahrheit. König Herodes lebte im Ehebruch. Der Täufer ging zu ihm und sagte ihm, er sollte davon ablassen. Er wagte sein Leben, als er das tat. Und mehr als das. Er lief Gefahr, damit Aufruhr und Bürgerkrieg anzustiften. Ja, es konnte so übel ausgehen, dass die Römer einen Anlass sahen, sich in die Angelegenheit einzumischen, und daraus blutige Verwicklungen für das ganze jüdische Volk entstanden. Warum aber schwieg Johannes dann nicht? Das wäre doch viel klüger und rücksichtsvoller gewesen!

Nun, wäre es wirklich so gewesen? Johannes war von einem brennenden Glauben erfüllt - dem Glauben, dass die Wahrheit dazu da ist, gesagt zu werden. Es gibt Leute, die sich einbilden, man könnte die Wahrheit einsalzen; einsalzen, glauben sie, in einem Bottich mit Salzlauge halten und dann bei Bedarf, wenn es einem passt, etwas davon herausholen und verbrauchen. Die irren sich. Die Wahrheit kann man nicht konservieren. Sie existiert nur in lebendigem Zustand. Und sie muss gerade in dem Augenblick benutzt werden, in dem sie sich kundtut. Wenn das nicht geschieht, dann stirbt sie; sie verwest und erweist sich sehr bald als Verderben. Denn die gefährlichste von allen Lügen ist die tote Wahrheit.

Johannes der Täufer war ein Mensch von Fleisch und Blut. Fleisch ist eine Materie mit Nerven, und das Blut will am liebsten im Körper bleiben, in dessen Adern zu rinnen es nun einmal gewohnt ist. Die Jünger, die Johannes folgten, rieten ihm zur Vorsicht, und sie waren nicht die einzigen, die das taten. Sein eigen Fleisch und Blut hatte ihn auch schon gewarnt: Herodes ist gerade jetzt ein mächtiger Mann. Es ist noch nicht die richtige Zeit, ihm am Zeuge zu flicken; warte ab, bis seine Aktien beim Volke fallen, oder bis er sich durch irgendeine Ungeschicklichkeit mit den Römern überwirft. Die Wahrheit leidet nicht darunter, dass sie aufgespart wird, es bleibt doch die Wahrheit. Im richtigen Augenblick kannst du in deiner ganzen prophetischen Kraft hervortreten und den Wagen, der schon aus dem Gleichgewicht geraten ist, vollends umstürzen!

Johannes aber war nicht nur ein Mensch von Fleisch und Blut. Er war auch ein Mann von Geist. Von Gottes Geist. Vom Geist der Wahrheit. Deshalb gab er auch keinen Pfifferling auf die Erfindung, die „Wahrheit im Einmachglas“ heißt. Es kam ein Tag, da er fühlte: Jetzt ist die Zeit gekommen; jetzt ist die Wahrheit zu mir gekommen und fordert, über die Furt getragen zu werden! Wahrscheinlich hat ihm dabei das Herz in seiner haarigen Brust geklopft, und die Zunge klebte ihm am Gaumen. Aber drinnen in diesem pochenden Herzen herrschte ein großer Frieden: Jetzt spreche ich, wie ich sprechen muss; jetzt stehe ich zu meiner Berufung, jetzt handle ich menschenwürdig! Ja, in seinem von banger Unruhe eingeschnürten Herzen lag ein tiefer Frieden. Der gab seiner Zunge Kraft, sich vom Gaumen zu lösen und die wenigen Worte zu sagen, die nötig waren: „Es ist nicht recht, dass du sie hast!"

„Friede sei mit dir!" ist der Gruß der Kirche. Unsere Kirchenlieder singen von dem Gottesfrieden, der mehr bedeutet als die Wacht der Engel. Und jeden Sonntag erheben wir Pastoren vor dem Altar die Hände und breiten sie über unsere Gemeinde aus, all das, um es so wirkungsvoll wie nur möglich zu machen: „Der Herr erhebe sein Angesicht über dich und gebe dir Frieden!" - Es ist ein furchtbarer Irrtum zu glauben, dieser Frieden bedeute: „Auf Wiedersehen, lebe wohl, schlaf gut, lass es dir gut gehen, und Gott gebe, dass du bei Regenwetter auch immer Galoschen anhast!" Nein, Gottes Frieden bedeutet, dass die Seele im Gleichgewicht ist, weil sie - wie bange sie in sich selber auch sein mag - in ihrem Verhältnis zur Wahrheit zur Ruhe gekommen ist. Ruhe ist hier ein gefährliches Wort. Die Wahrheit marschiert nämlich immer. Ruhe bedeutet hier also: mit der Wahrheit vereint zu marschieren.

Dieser Frieden war es, der Johannes die Engelwacht stellte, als er vor Herodes stand. Seinen Leib konnte er nicht schützen. Aber er verlieh ihm Haltung und Menschenwürde für ewige Zeiten; er sang ihn glückselig ein in die Gewissheit: jetzt geschieht Gottes Wille.

Die Heilige Schrift berichtet über das, was damals geschah, in einer Art und Weise, als geschähe es heute. All das, was sich mit Johannes dem Täufer begab, hat sich in längst vergangenen Zeiten abgespielt. Aber dasselbe spielt sich auch im Dänemark von heute ab. Auch unter uns gibt es ja genug Männer, die einen brennenden Glauben an die Wahrheit haben, und dass sie da ist, um gesagt zu werden - ja, dass sie einzig und allein da ist, wenn sie gesagt wird. Sie geben nichts auf die „Wahrheit im Einmachglas"! Und sie können nicht umhergehen und so tun, als wäre nichts geschehen, und die Wahrheit geschändet im offenen Grab liegen lassen. Sie sind von Fleisch und Blut, wie Johannes; sie kennen sehr gut die Furcht um das eigene Schicksal und dazu eine noch viel schlimmere: die Furcht um die Verwirrung in ihrem eigenen Volke, welche die Wahrheit zustande bringen kann. Eines schönen Tages aber geht ihnen auf, dass die Feigheit nicht mehr ihre Zunge binden darf und dass die Verwirrung, die durch Heuchelei, Heimlichtuerei und Lüge in einem Volk angerichtet wird, sich auf die Dauer gesehen als etwas viel Verhängnisvolleres erweist.

Da erfüllt dann der große Frieden ihren Sinn, wie er Johannes erfüllte, und sie gehen zu unseres Vaterlandes Herodes und zeihen ihn der Buhlschaft. Denn auch bei uns zu Lande gibt es ja einen Herodes, der mit fremden Göttern buhlt, einen Geist des Kompromisses, der sich um unseres Wohlergehens willen auf etwas Unwürdiges einlässt.

Herodes nämlich hat für seinen Gesetzesbruch viele Entschuldigungen gefunden. Er wäre in diese Frau verliebt, und es gereiche einem Mann nur zur Ehre, wenn er einer großen Leidenschaft fähig sei; dieses Verhältnis gäbe ihm Kraft, sein Königtum auszuüben, und käme auf die Weise der ganzen Dynastie und dem ganzen Reich zu Gute.

Ja, recht besehen ließ er sich auf diese Gesetzlosigkeit eigentlich nur um des Volkes willen ein, und das Volk war damit zufrieden wie mit allem anderen, wo nun einmal alles im schönsten Frieden lag, viel besser, als man eigentlich in diesen unruhigen Zeiten, da der Feind im Lande stand, hatte erwarten können. Ja, eigentlich musste man sagen, dass man für Vieles dankbar sein durfte.

Und da kam nun dieser Büffel aus der Wüste mit etwas so

Nebensächlichem wie der Wahrheit und wollte mit dem Kopf durch die Wand und dieses vortreffliche Gebäude einrennen, das Herodes im Schweiße seines Angesichts aufgerichtet hatte und im Schweiße seines Angesichts immer noch aufrecht erhielt! Man tut gut daran zu beachten, dass der Täufer sich mit diesem schleimigen Reptil in keinerlei Diskussion einlässt. Er begnügt sich damit festzustellen: „Es ist nicht recht, dass du sie hast!"

Johannes kam mit der Axt der Gerechtigkeit. Herodes war nur ein kleiner Zweig an dem großen Baum der Ungerechtigkeit, doch ob groß oder klein: sein Urteil war gefällt, dieser Ästling sollte fallen![1] Seine Majestät ließ sich natürlich ebenfalls in keinerlei Diskussion ein. Sie sandte nach ihren Dienern. So ist es immer gewesen. Die Wahrheit hat als Waffe das Wort, und die Lüge Fesseln und Schwert. Und trotzdem lügt die Lüge sich selber immer weiter etwas vor und bildet sich ein, sie wäre das Mächtigste. Nun saß Johannes also im Gefängnis. Er hatte gesagt, was er zu sagen gehabt hatte. Jetzt umgab ihn die Finsternis der Kerkerhöhle, und er spürte, dass das Schwert des Todes über ihm hing. In seinem Herzen aber war der Gottesfrieden, die Zustimmung des guten Gewissens.

Was für ein furchtbares Buch ist sie doch, die Bibel! Denn sagt sie uns nicht jetzt, an dieser Stelle, dass das gute Gewissen allein nicht genug ist? Ja, dass auch Gottes Frieden in unserem Herzen nicht immer ausreichend ist? Hätte die Bibel die nackten Tatsachen nicht ein wenig ausschmücken können? Diese Tatsache, dass Johannes dort im Gefängnis in Anfechtung fällt und anfängt zu

1 Der dänische Text enthält an dieser Stelle ein ins Deutsche unübersetzbares Wortspiel, in dem Kaj Munk durch das Wort „kvist(= Ast)ling' auf den Namen des norwegischen Hitler hörigen Ministerpräsidenten Quisling anspielt.

zweifeln, - hätte sie die nicht pietätvoll verschweigen, kurz und bündig dem Schluss zueilen und Johannes ohne Anfechtung und Zagen als einen Helden und Märtyrer fallen lassen können für das Größte von allem: des Glaubens Kampf wider Gesetzlosigkeit, Lüge und Tyrannei? Ach, die Bibel ist und bleibt ein so primitives Buch! Sie taugt nicht als Handbuch für das diplomatische Korps, und ihr fehlt die Kultur eines Propagandaministeriums.

Wir müssen die Bibel nun einmal so nehmen, wie sie ist. Es gibt nichts, was wir ihr zur Seite stellen könnten. Auch sie ist erfüllt von diesem tölpelhaften, lebensgefährlichen Glauben an die Wahrheit. Sie berichtet uns, dass Johannes der Täufer in Zweifel fiel. Sie ist der Ansicht, dass es uns nur gut tut, auch das zu wissen. Er saß da so einsam im Gefängnis. Da gab es niemanden, der ihm zuhörte, niemanden, der sich von ihm begeistern ließ, niemanden, der seinen Glauben dadurch bestärkte, dass er vor Zorn über ihn von Sinnen geriet. Niemanden, niemanden gab es. Es war, als sei er mit einem Mal völlig vergessen. Es geschah dort auch nicht das Mindeste. Herodes lebte weiter unangefochten in seiner Buhlschaft.

Und das Volk bewies, wie feige es war, und fand sich ganz zahm damit ab, dass sein Liebling als Lohn für seine Treue in einer Kerkerhöhle schmachtete. Die Menge wollte gern der Wahrheit Beifall klatschen, solange sie die kostenlos bekam. Wenn aber die Beifallsbezeugungen anfingen, etwas zu kosten, schwieg sie vernünftig still und überließ es ihm zu bezahlen. Warum hatte er eigentlich dieses große Opfer gebracht, wenn damit doch nichts zustande kam? War die Wahrheit überhaupt Wahrheit, wenn sie nicht wirksam war und Wunder verrichtete? Und der, von dem Johannes geglaubt hatte, dass er die Wahrheit wäre, und für den er sein Leben eingesetzt hatte, war er denn nun wirklich der, der da kommen sollte? Oder sollte er nicht lieber alle Erwartung auf ihn lösen und die Hoffnung auf etwas anderes richten?

Ich gestehe ehrlich, dass ich nicht begreifen kann, warum Jesus seinen Jugendfreund nicht im Gefängnis besucht und warum er nicht auf irgendeine Art und Weise eingegriffen hat. Aber ich fühle mich nicht befugt, Christus zu kritisieren. Es gibt bestimmt irgendetwas, warum Jesus gewiss ist, dass Johannes es einsam bestehen muss. Liegt es vielleicht im Wesen der Wahrheit, dass sie den Menschen zu manchen Zeiten sehr einsam macht, einsam machen muss?

Zum Ausgleich freuen mich die Worte von Herzen, die Jesus über den gefangenen und gefallenen Propheten zu den Seinen spricht. Es war ja eigentlich ein starkes Stück, dass Johannes, der Jesus selber auf den Weg zu seiner weltweiten Aufgabe gebracht und ihm sein eigenes Leben und Wirken als Fundament gegeben hatte, ihm jetzt bei einer öffentlichen Aussprache eine solche Frage ins Gesicht schleudern ließ: „Bist du es, der da kommen soll, oder sollen wir auf einen andern warten?" Jesus hätte dadurch mit Fug und Recht bestürzt, peinlich berührt und verbittert werden können. Und die Scharen um ihn herum sind allem Anschein nach mehr als gern bereit, ihren alten Helden zugunsten des neuen Mannes fallen zu lassen. Hört nur, wie es um ihn herum murmelt: Das hätten wir von Johannes nicht gedacht. Solch ein Rohr im Winde! Unzuverlässig wie eine Welle, um nicht zu sagen: wie ein französischer Admiral! Seine Religion taugte nicht viel, wenn sie so schnell versagt hat, als es drauf ankam! Ja, so ist es: diejenigen, die nichts wagen, sind immer unzufrieden, wenn diejenigen, die etwas wagen, nicht durchhalten.

Hört nur, wie mannhaft und entschieden Christus seinen Freund in Schutz nimmt! Er ist keiner von denen, welche die Menschen danach beurteilen, ob sie sich in einer Heldenrolle zu halten vermögen oder nicht. Nein, er wirft sich mutig in die Bresche für ihn, mit seiner ganzen noch nicht erprobten Autorität:

Weil er jetzt schwach geworden ist, sollt ihr nicht vergessen, was er war und leistete, als er in seiner vollen Kraft stand! Damals schwankte er nicht wie ein Rohr oder kehrte seinen Mantel nach dem Winde. Geht doch ins Parlament, wenn ihr Leute von dieser Sorte sehen wollt! Johannes soll nicht danach beurteilt werden, was er früher oder späterhin gewesen ist, sondern einzig und allein danach, was er in der Stunde war, da er die Großtat seines Lebens verrichtete. Die verleiht ihm ewigen Ruhm; denn in jener Sekunde ward er der Sendung seines Lebens inne; in jener Tat war er der Wegbereiter der Wahrheit, ein Sendbote Gottes!

So groß kann Jesus selbst von denen denken, die versagen, wenn sie nur in der richtigen Stunde das Rechte wollten. Gib mir deine Großherzigkeit, Herr! Habe ich einen Freund, der einmal meinem Volk das Wort der Wahrheit sang und später davonging und es elendiglich im Stich ließ - bewahre mich davor, o Herr und Gott, dass ich unfruchtbarem Zorn und Verachtung anheimfalle! Lass mich trotz allem, was er jetzt ist, darin fortfahren, seinen Namen zu ehren, um dessentwillen, was er einst war!

Seht, in des Königs Palast tanzt Salome! Da haben sie es lustig. Dort feiern sie Sylvesterball, und der ganze Palast ist nach dem Motto „Eine Nacht in Hullabulla" dekoriert. Und der Mann, der sich Diener der Gerechtigkeit und Hüter des Gesetzes nennt, muss sein Spiel zu Ende spielen inmitten der Mächte, unter denen er selber seinen Platz vielleicht nur aus dem erbärmlichen Grund gewählt hat, dass man sonst einen anderen auf seinen Platz gesetzt hätte, der noch schlimmer gewesen wäre als er selber. Also: Um nicht von einem Schurken abgelöst zu werden, macht man sich selber zum Schurken! Und dann kommen sie da zwischen zwei Tänzen mit dem Haupt des Propheten auf einer Schüssel herein, und das Orchester spielt einen Tusch. Herodes, Herodes, bist du denn wirklich solch ein Narr, dass du glauben kannst, du dientest den guten Mächten des Lebens mit diesem bösen Spiel? Dass du dir einbildest, dies alles führte zu etwas anderem als zur Verrottung der Seele, zum Höllenuntergang für dich selber und dein irregeführtes Volk?

Und ihr nun, meine Landsleute, die ihr in den Gefängnissen der Staatsgewalt schmachtet, weil ihr hörtet, wie euch die Stimme der Wahrheit aufrief - ich bitte zu Gott, dass ihr stark und treu sein möget gegenüber eurem eigenen Gefühl, recht gehandelt zu haben.

Gibt es aber auch unter euch solche, die in Anfechtung fallen und zu zweifeln anfangen, so vergebe ich euch im Namen meines Herrn diese Sünde, so wie er sie Johannes vergeben hat. Ihr sollt wissen, dass er euch danach beurteilen wird, wie ihr mannhaft für die Sache der Wahrheit eingetreten seid, als die anderen logen und die anderen schwiegen; und ihr sollt wissen, dass ihr die einzige Tat mitgetan habt, aus der eine gesunde Zukunft hervorgehen kann. Hier von der Kirche aus soll es euch gesagt werden: Der Herr der Wahrheit hat sein Angesicht über euch leuchten lassen; er gebe euch seinen Frieden! AMEN.

## Das Jesuskind und Stephanus (2. Weihnachtstag 1942)

(8) Stephanus aber, voll Gnade und Kraft, tat Wunder und große Zeichen unter dem Volk. (9) Da standen einige auf von der Synagoge der Libertiner und der Kyrenäer und der Alexandriner und einige von denen aus Zilizien und der Provinz Asien und stritten mit Stephanus. (10) Doch sie vermochten nicht zu widerstehen der Weisheit und dem Geist, in dem er redete. (11) Da stifteten sie einige Männer an, die sprachen: Wir haben ihn Lästerworte reden hören gegen Mose und gegen Gott. (12) Und sie brachten das Volk und die Ältesten und die Schriftgelehrten auf, traten herzu und ergriffen ihn und führten ihn vor den Hohen Rat (13) und stellten falsche Zeugen auf, die sprachen: Dieser Mensch hört nicht auf, zu reden gegen diese heilige Stätte und das Gesetz. (14) Denn wir haben ihn sagen hören: Dieser Jesus von Nazareth wird diese Stätte zerstören und die Ordnungen ändern, die uns Mose gegeben hat. (15) Und alle, die im Rat saßen, blickten auf ihn und sahen sein Angesicht wie eines Engels Angesicht. (1) Da fragte der Hohepriester: Ist das so? (2) Er aber sprach: Liebe Brüder und Väter, hört zu. Der Gott der Herrlichkeit erschien unserm Vater Abraham, als er noch in Mesopotamien war, ehe er in Haran wohnte, (3) und sprach zu ihm: »Geh aus deinem Land und von deiner Verwandtschaft und zieh in das Land, das ich dir zeigen will.« (4) Da ging er aus dem Land der Chaldäer und wohnte in Haran. Und als sein Vater gestorben war, brachte Gott ihn von dort herüber in dies Land, in dem ihr nun wohnt, (5) aber er gab ihm kein Eigentum darin, auch nicht einen Fuß breit,

und verhieß ihm, er wolle es ihm und seinen Nachkommen zum Besitz geben, obwohl er noch kein Kind hatte. (6) Denn so sprach Gott: »Deine Nachkommen werden Fremdlinge sein in einem fremden Lande, und man wird sie knechten und misshandeln vierhundert Jahre lang. (7) Aber das Volk, dem sie als Knechte dienen müssen, will ich richten«, sprach Gott, »und danach werden sie ausziehen und mir dienen an dieser Stätte.« (8) Und er gab ihm den Bund der Beschneidung. Und so zeugte er Isaak und beschnitt ihn am achten Tage, und Isaak den Jakob, und Jakob die zwölf Erzväter. (9) Und die Erzväter beneideten Josef und verkauften ihn nach Ägypten. Aber Gott war mit ihm. (10) und errettete ihn aus aller seiner Bedrängnis und gab ihm Gnade und Weisheit vor dem Pharao, dem König von Ägypten; der setzte ihn zum Regenten über Ägypten und über sein ganzes Haus. (11) Es kam aber eine Hungersnot über ganz Ägypten und Kanaan und eine große Bedrängnis, und unsre Väter fanden keine Nahrung. (12) Jakob aber hörte, dass es in Ägypten Getreide gäbe, und sandte unsre Väter aus zum erstenmal. (13) Und beim zweitenmal gab sich Josef seinen Brüdern zu erkennen; so wurde dem Pharao Josefs Herkunft bekannt. (14) Josef aber sandte aus und ließ seinen Vater Jakob holen und seine ganze Verwandtschaft, fünfundsiebzig Menschen. (15) Und Jakob zog hinab nach Ägypten und starb, er und unsre Väter; (16) und sie wurden nach Sichem herübergebracht und in das Grab gelegt, das Abraham für Geld gekauft hatte von den Söhnen Hamors in Sichem. (17) Als nun die Zeit der Verheißung sich nahte, die Gott dem Abraham zugesagt hatte, wuchs das Volk und mehrte sich in Ägypten, (18) bis ein andrer König über Ägypten aufkam, der nichts wußte von Josef. (19) Dieser ging mit Hinterlist vor gegen unser Volk und mißhandelte unsre Väter und ließ ihre kleinen Kinder aussetzen, damit sie nicht am Leben blieben. (20) Zu der Zeit wurde Mose geboren, und er war ein schönes Kind vor Gott und wurde drei Monate ernährt im Hause seines Vaters. (21) Als er aber ausgesetzt wurde, nahm ihn die Tochter des Pharao auf und zog ihn auf als ihren Sohn. (22) Und Mose wurde in aller Weisheit der Ägypter gelehrt und war mächtig in Worten und Werken. (23) Als er aber vierzig Jahre alt wurde, gedachte er, nach seinen Brüdern, den Israeliten, zu sehen. (24) Und sah einen Unrecht leiden; da stand er ihm bei und rächte den, dem Leid geschah, und erschlug den Ägypter. (25) Er meinte aber, seine Brüder sollten's verstehen, dass Gott durch seine Hand ihnen Rettung bringe; aber sie verstanden's nicht. (26) Und am nächsten Tag kam er zu ihnen, als sie miteinander stritten, und ermahnte sie, Frieden zu halten, und sprach: Liebe Männer, ihr seid doch Brüder; warum tut einer dem andern Unrecht? (27) Der aber seinem Nächsten Unrecht getan hatte, stieß ihn von sich und sprach: »Wer hat dich zum Aufseher und Richter über uns gesetzt? (28) Willst du mich auch töten, wie du gestern den Ägypter getötet hast?« (29) Mose aber floh wegen dieser Rede und lebte als Fremdling im Lande Midian; dort zeugte er zwei Söhne. (30) Und nach vierzig Jahren erschien ihm in der Wüste am Berge Sinai ein Engel in einer Feuerflamme im Dornbusch. (31) Als aber Mose das sah, wunderte er sich über die Erscheinung. Als er aber hinzuging, zu schauen, geschah die Stimme des Herrn zu ihm: (32) »Ich bin der Gott deiner Väter, der Gott Abrahams und Isaaks und Jakobs.« Mose aber fing an zu zittern und wagte nicht hinzuschauen. (33) Aber der Herr sprach zu ihm: »Zieh die Schuhe aus von deinen Füßen; denn die Stätte, auf der du stehst, ist heiliges

Land! (34) Ich habe gesehen das Leiden meines Volkes, das in Ägypten ist, und habe sein Seufzen gehört und bin herabgekommen, es zu erretten. Und nun komm her, ich will dich nach Ägypten senden.« (35) Diesen Mose, den sie verleugnet hatten, als sie sprachen: »Wer hat dich als Aufseher und Richter eingesetzt?«, den sandte Gott als Anführer und Retter durch den Engel, der ihm im Dornbusch erschienen war. (36) Dieser Mose führte sie heraus und tat Wunder und Zeichen in Ägypten, im Roten Meer und in der Wüste vierzig Jahre lang. (37) Dies ist der Mose, der zu den Israeliten gesagt hat: »Einen Propheten wie mich wird euch der Herr, euer Gott, erwecken aus euren Brüdern.« (38) Dieser ist's, der in der Gemeinde in der Wüste stand zwischen dem Engel, der mit ihm redete auf dem Berge Sinai, und unsern Vätern. Dieser empfing Worte des Lebens, um sie uns weiterzugeben. (39) Ihm wollten unsre Väter nicht gehorsam werden, sondern sie stießen ihn von sich und wandten sich in ihrem Herzen wieder Ägypten zu (40) und sprachen zu Aaron: »Mache uns Götter, die vor uns hergehen; denn wir wissen nicht, was diesem Mose, der uns aus dem Lande Ägypten geführt hat, widerfahren ist.« (41) Und sie machten zu der Zeit ein Kalb und opferten dem Götzenbild und freuten sich über das Werk ihrer Hände. (42) Aber Gott wandte sich ab und gab sie dahin, so dass sie dem Heer des Himmels dienten, wie geschrieben steht im Buch der Propheten (Amos 5,25-27): »Habt ihr vom Hause Israel die vierzig Jahre in der Wüste mir je Opfer und Gaben dargebracht? (43) Ihr trugt die Hütte Molochs umher und den Stern des Gottes Räfan, die Bilder, die ihr gemacht hattet, sie anzubeten. Und ich will euch wegführen bis über Babylon hinaus.« (44) Es hatten unsre Väter die Stiftshütte in der Wüste, wie der es angeordnet hatte, der zu

Mose redete, dass er sie machen sollte nach dem Vorbild, das er gesehen hatte. (45) Diese übernahmen unsre Väter und brachten sie mit Josua in das Land, das die Heiden innehatten, die Gott vertrieb vor dem Angesicht unsrer Väter, bis zur Zeit Davids. (46) Der fand Gnade bei Gott und bat darum, dass er eine Stätte finden möge für das Haus Jakob. (47) Salomo aber baute ihm ein Haus. (48) Aber der Allerhöchste wohnt nicht in Tempeln, die mit Händen gemacht sind, wie der Prophet spricht (Jesaja 66,1-2): (49) »Der Himmel ist mein Thron und die Erde der Schemel meiner Füße; was wollt ihr mir denn für ein Haus bauen«, spricht der Herr, »oder was ist die Stätte meiner Ruhe? (50) Hat nicht meine Hand das alles gemacht?« (51) Ihr Halsstarrigen, mit verstockten Herzen und tauben Ohren, ihr widerstrebt allezeit dem heiligen Geist, wie eure Väter, so auch ihr. (52) Welchen Propheten haben eure Väter nicht verfolgt? Und sie haben getötet, die zuvor verkündigten das Kommen des Gerechten, dessen Verräter und Mörder ihr nun geworden seid. (53) Ihr habt das Gesetz empfangen durch Weisung von Engeln und habt's nicht gehalten. (54) Als sie das hörten, ging's ihnen durchs Herz, und sie knirschten mit den Zähnen über ihn. (55) Er aber, voll heiligen Geistes, sah auf zum Himmel und sah die Herrlichkeit Gottes und Jesus stehen zur Rechten Gottes (56) und sprach: Siehe, ich sehe den Himmel offen und den Menschensohn zur Rechten Gottes stehen. (57) Sie schrieen aber laut und hielten sich ihre Ohren zu und stürmten einmütig auf ihn ein, (58) stießen ihn zur Stadt hinaus und steinigten ihn. Und die Zeugen legten ihre Kleider ab zu den Füßen eines jungen Mannes, der hieß Saulus, (59) und sie steinigten Stephanus; der rief den Herrn an und sprach: Herr Jesus, nimm meinen Geist auf! (60) Er fiel auf die Knie

**und schrie laut: Herr, rechne ihnen diese Sünde nicht an! Und als er das gesagt hatte, verschied er. (Apostelgeschichte 6, 8 - 7, 60)**

Man kann Weihnachtspredigten hören, die nach Anweisungen dafür klingen, wie man an der rechten Weihnachtsfreude Anteil bekommt: „Und wenn du auch einsam und sorgenvoll dasitzt, mein Freund, und wenn du auch von Zweifeln und unruhigen Gedanken umgetrieben wirst, oh, dann komm doch und knie nieder vor der Krippe, und das Kind in der Krippe wird dir seinen Frieden und Teil an der Himmelsfreude schenken." Dazu ist in aller Kürze zu sagen, dass Christus nicht dazu auf die Erde gekommen ist, damit wir Spaß kriegen. Dazu haben wir doch Ib Schønberg.[2] Gott hat nicht die Rolle eines Unterhaltungskünstlers übernommen. Freilich ist es wahr, dass Christus ein fröhlicher Mensch war. Aber wenn du Christus so verstehst, dass er dein Wohlbefinden steigern müsse, dann machst du dich des Missbrauchs am Heiligen schuldig. Christus ist „Selbstzweck", und der, der ihn als Mittel zu einem anderen Zweck benützt, ist ein Gotteslästerer.

Ein Pfarrer besuchte einmal die Arztfamilie im Dorf. Die Frau des Arztes öffnete ihm selbst die Tür, und ihr kleiner dreijähriger Junge, der sich am Rockzipfel seiner Mutter festhielt, platzte beim Anblick des Pastors heraus: „Ist schon Weihnachten?" Das Kind glaubte, der Pfarrer sei so eine Erscheinung wie der Weihnachtsmann, die nur um Heiligabend herum existiert. Das ist ja so bei manchen Volkskirchen-Christen, dass der Pastor und der Weihnachtsmann ungefähr auf das gleiche hinauslaufen, dass der Weihnachtsgottesdienst ein Teil der Leckereien darstellt, die

2 Ein damals populärer Schauspieler, bekannt für seine vorwiegend komischen Rollen.

zum Heiligen Abend dazugehören. Zu den vielen besonderen und vergnüglichen Dingen, die unbedingt an diesem Abend im Jahr dran sind, gehört auch die süße, ach so süße Vorstellung vom kleinen Jesulein und danach zwei Teelöffel harmloser Ingemann,[3] nach Melodien, die wie Tannennadeln in den Weihnachtskerzen verglühen.Und wenn dann noch einer in der Kirche sitzt und mutlos ist und das Singen nicht hören mag und das „Fröhliche Weihnachten!" nicht richtig herauskriegt, dann ist da doch der Pastor und spendet Trost.

Welch ein wahnwitziges und verhängnisvolles Missverständnis! Der Pfarrer ist nicht dazu da, um Trost zu spenden, eben so wenig wie das Evangelium dazu da ist. Der Pastor und das Evangelium sind dazu da, den Menschen die Hölle heiß zu machen! Trösten kann man sich gegenseitig, trösten kann man sich selbst. Christus gab sich überhaupt nicht damit ab. Der Pfarrer und das Evangelium sind dazu da, den Menschen die Wirklichkeit zu zeigen, das heißt, wie ich eben sagte, um uns die Hölle heiß zu machen. Solange das nicht geschieht, brauchen wir auch keinen Himmel.

Wenn die Kirche von vielen als etwas angesehen wird, das sie nichts angeht, dann nicht zuletzt deswegen, weil sie ihnen mit etwas aufwartet, von dem die Menschen nicht glauben, dass sie es brauchen. Deshalb haben sie das Gefühl, wir wollten ihnen etwas aufschwätzen. „Wir wohnen mitten im Land", denken sie, „aber die kommen keuchend an und schleppen sich ab mit Zement, um uns eine Brücke zu bauen."

„Ehre sei Gott in der Höhe und Frieden auf Erden bei den Menschen seines Wohlgefallens!" sang die Menge der himmlischen Heerscharen. Was heißt das nun? Kommen die Engel heute

3 Bernhard Severin Ingemann, 1789 -1862, Dichter vieler dänischer Kirchenlieder.

Nacht mit diesen Gaben hernieder zur Erde? Nein und Ja! Denn sie kommen damit nicht als mit einer Zaubermacht, die Erde wird nicht auf einen Schlag erfüllt mit Gottesfurcht und Frieden und Verträglichkeit. Nein, sie kommen zwar mit diesen Gaben, aber sie werfen sie gleichsam als Waffen an Fallschirmen ab. Gottesfurcht, Frieden und Nächstenliebe bringt Christus seinen Jüngern, damit sie die Welt mit diesen Waffen erobern und die Völker im Gebrauch dieser Waffen unterweisen sollen.

Das kleine Jesuskind ist der Befreier und Friedefürst, denn er ist der größte Feldherr der Erde. Es sieht allerdings so aus, als ob da ein tiefer Gegensatz bestünde zwischen dem Evangelium des ersten und des zweiten Weihnachtstages: Das Jesuskind und der erste Märtyrer Stephanus. In Wirklichkeit besteht da der engste Zusammenhang. Das heidnische Weihnachten mit Essen und Trinken und Fest- und Familienfreude kann unmöglich mit dem christlichen Weihnachten zusammengehen. Jesus selbst war ja gesellig, volkstümlich und freigebig - und doch die ganze Zeit unterwegs auf dem Weg zum Kreuz. Lasst uns nur Ingemann-Lieder singen und die Weihnachtsgans essen und uns mit unseren Kindern um den Baum mit Geschenken versammeln, aber lasst uns als kritische Menschen nie vergessen, dass Jesu Kommen auf die Erde unverzagten Kampf gegen das Böse bedeutet. Und wenn wir wirklich vor der Krippe knien in anderer als nur in sentimentaler, unangemessener Stimmung, sehen wir, dass die eine Hand des Kindes freundlich geöffnet, die andere aber blutig geballt ist.

Der Christen wahre Weihnachtsfreude hat nichts zu tun mit behaglichen, sanft-süßen Stimmungen in unserem Inneren, in denen wir glauben, dass nun weder Sünde noch Sorge noch Tod uns noch etwas anhaben könnten. Es ist schon möglich, dass jemand sich das einreden und Gott Dank dafür sagen kann. Das ist aber dann kein Christentum, sondern Hypnose und Autosuggestion.

Nein, der Christen Weihnachtsfreude ist die Freude darüber, dass sie dabei sein dürfen, wenn der Angriff losgeht. Es ist das stolze Bewusstsein, an die Front geschickt zu werden. Jesus ist gekommen und sein Geschenk an die Menschen ist, sie dürfen auf Erden Gottes Front errichten. Er ist der Befreier der Welt, weil er über die Welt siegt. Das Christentum ist voller Unglaublichkeiten: Dreieinigkeit, Jungfrauengeburt, Taufe und Abendmahl sind einige davon. Aber das Unglaublichste von allem ist, dass Gott Verwendung für mich hat. Das ist so unglaublich, dass es gotteslästerlich wäre, wenn nicht Gott selbst es wäre, der mir das sagte. Ei, was freut es mich, dass etwas, was schlichter Nonsens zu sein scheint, tiefste Lebensweisheit ist! Ach, was macht es mich froh, dass ich etwas so Unglaubliches glauben darf!

Die Kirche hat oft im Lauf der Zeiten das Christentum kraftlos gemacht, ja direkt verraten, weil sie es zu einer Rettungsanstalt gemacht hat: „Gerade dieses gilt auch dir, dass du in den Himmel kommst, wenn du dies und das glaubst und dieses und jenes tust."

Ein Christenmensch zu sein bedeutet, mit Christus verbunden zu sein - ohne dass man Gründe dafür angeben kann, warum man das ist. Nicht aus Angst vor der Hölle. Nicht, um sich einen Platz im Himmel zu sichern. Wie Eltern mit ihren Kindern verbunden sind, wie sich ein Mann von einer Frau angezogen fühlt, so wie es in einer wahren Freundschaft immer auf seinem tiefsten Grund etwas Unerklärliches gibt, so ist der Christ mit seinem Heiland und Herrn verbunden. Das Weihnachtsevangelium erzählt von der Geburt eines Mannes, der mit seiner mystischen Ausstrahlung sich eine Freundesschar schuf, die trotz aller Wechselfälle Bestand hatte und von Jahrtausend zu Jahrtausend wuchs und deren großes Ziel es war, ihm die Erde untertänig zu machen, angetrieben von seiner Liebe und geführt von seiner Kraft. Das Evangelium des zweiten Weihnachtstages erzählt von einem seiner ersten Freunde, es berichtet von ihm als von einem Beispiel, wie ein Jünger Jesu sein soll, wenn er ein wahrer Jünger ist.

„Fröhliche Weihnachten!" wünschen wir einander. Das heißt doch: „Möge dir der Gänsebraten schmecken, oder die Frikadellen, wenn es bei dir in diesem Jahr nicht zu mehr langt, möchtest du etwas haben, um den Kachelofen anzuheizen, möchten deine Angehörigen und Freunde um dich versammelt sein, damit der Weihnachtsbaum mit seinem strahlenden Glanz leuchten kann und die Weihnachtslieder mit ihrem vertrauten Klang erklingen können. Und dass in dem allen du in deinem Herzen fühlst: „Ich wäre gerne dort, oh Jesus mild, dort, wo du mich hin haben willt!" - „Ja, aber ich bin so voller Unglauben und Fragezeichen, die mir die Weihnachtsfreude verderben!" - „Ja nun, aber wer hat dir denn eingeredet, dass du unbedingt Weihnachtsfreude haben musst? Es könnte doch sein, dass du gerade deswegen etwas besseres hast als ein verdorbenes Weihnachtsfest. Bilde dir doch nicht ein, du verwöhntes Kind, Gott sei der große Weihnachtsmann, der in seinem Sack so eine Art Riesenmagnet hat, der deine Gehirnzellen darauf einstellen kann, dass dir das Ganze wieder einleuchtend erscheint und du dich wieder gemütlich fühlst und in Harmonie und guter Laune bist. Mein lieber Freund, dafür kannst du möglicherweise von deinem Arzt ein Koffeinpräparat kriegen, das dein Blut ins Gehirn schießen und dich wieder klar denken lässt."

Das alles hat nichts mit der rechten Weihnachtsfreude zu tun. Die rechte Weihnachtsfreude ist die, dass du, so viel oder so wenig du davon verstehen magst, Christus gehörst und dass du tust, was er von dir will. Das wahre Christentum ist nicht Glaube an Jungfrauengeburt und Auferstehung des Fleisches; das wahre Christentum ist, dass du gut mit deinen Knechten umgehst. Und das bedeutet ja nicht, dass du ein Trottel bist, der ihnen alles Mögliche durchgehen lässt, sondern dass du von ihnen ihre

Pflicht und Schuldigkeit verlangst und selbst eine Verantwortung für sie hast. Du hast viele Knechte, die dir helfen, ein würdiges Menschenleben zu führen. Du hast zum Beispiel die Wahrheit. Behandele sie gut. Die Wahrheit ist in deine Dienste getreten, damit du sie fleißig einsetzt. Lass Gott nicht sehen müssen, dass du ihre Dienste gering achtest. Es kann manchmal teuer zu stehen kommen, mit ihr zu arbeiten. Einem Mann wie Stephanus zum Beispiel kostete das sein Leben. Es gab auch einen anderen Jünger, den es das Leben kostete, aber deswegen, weil er sie nicht gebrauchte. Er hieß Judas Ischariot. Welchem der beiden Jünger Jesu willst du gleichen, wenn es darauf ankommt?

Die arme Christenheit, wie hat sie doch manchmal Anstoß genommen am Christentum! Sie ist am Maulen, wenn sie nicht ihre Weihnachtsfreude bekommt. Ohne dass sie Gottes Auftrag erfüllt hätte, verlangt sie Gottes Wohltaten. Man kann nicht zugleich ein Mörder sein und ein gutes Gewissen haben. Wie kannst du verlangen, dass Gott dir Freude schenkt, oh Mensch, dir, der du niemals deinen Nächsten froh gemacht hast? Gehe zuerst hin und versöhne dich mit deinem Bruder und dann komm zum Christbaum in der Kirche.

Ich wünsche dir, mein Zuhörer, ein fröhliches Weihnachtsfest, nämlich, dass Christus in deinem Herzen wohnt, und du deinen Platz in den irdisch-himmlischen Heerscharen einnimmst, deren Gesang heißt: „Ehre sei Gott in der Höhe und Frieden auf Erden bei den Menschen seines Wohlgefallens." Dieses zu singen heißt kämpfen. Für das Ziel des Geistes in Treue zu dem Heiligen.

Gebt Gott die Ehre! Tod und Verderben über die, die Krieg über die Welt bringen! Lasst Taten des Friedens aufmarschieren! Lasst die Menschen damit aufhören, Bestien zu sein und stattdessen zu lernen, Schritte auf dem Weg der Entwicklung zu tun, Menschen nach dem Bilde Gottes zu werden. AMEN

## Christus und Dänemark - Predigt am Neujahrstag 1943

Es ist Neujahrstag. Nicht für die Kirche, aber für die Welt. Die Kirche hat ihr eigenes Neujahr am ersten Sonntag im Advent. Dann, wenn wir singen: „Sei willkommen, Jahr des Herrn! Sei willkommen bei uns!"

Der erste Januar ist kein geistlicher Feiertag. Man könnte ihn einen weltlichen Feiertag nennen. Und unsere Gedanken gehen von der Kirche hinaus in die Welt, in unser Vaterland. Ein neues Jahr zieht für Dänemark herein. Wie ist das vergangene gewesen? Wie wird das neue werden? Wofür haben wir Christus im vergangenen Jahr zu danken, fragen wir hier in der Kirche, und was sollen wir von uns selber fordern im neuen?

Viele Christen werden sagen: Wir danken Gott, dass er uns im vergangenen Jahr vom Kriege verschont hat. - Auch ich liebe mein Heim, meine Bewegungsfreiheit, meine Frau und meine Kinder. Auch ich würde äußerst ungern mein Haus in Trümmern liegen und meine Kinder mit zerrissenen Gliedmaßen sich zwischen Balkenresten und Kalkgeröll wälzen sehen. Und doch gibt es zweierlei, was ich noch weniger erleben möchte. Das ist: dass die Wahrheit verraten wird und mein Land ohne Ehre lebt.

Ich bringe es nicht fertig, Gott zu danken, „dass wir vom Kriege verschont geblieben sind". Denn erstens sind wir ja gar nicht verschont geblieben. Unser Land ist besetzt. Wie viel Blutvergießen und Brand und Not noch bei Luftangriffen oder bei einer Landung über uns kommen kann, weiß niemand.

Und zweitens soll man nicht Gott dafür danken, dass er einem half, bei einem Kuhhandel zu mogeln. Gott forderte Kampf von uns. Wir wurden seinem Gebot untreu, und wir wurden untreu unserem eigenen Wort und Entschluss. Man soll Gott nicht zum

Narren damit halten, dass man ihm Dank dafür sagt, wenn der Teufel seine Kinder in Obhut nimmt.

Sind das zu starke Worte? Nein. Wer Gott untreu wird, stellt sich unter den Schutz des Teufels. Wir sind in diesen Jahren weit entfernt von unserer Berufung und Bestimmung. Dänemark hat Gottes Zorn auf sich geladen. Deshalb geht es uns auch so gut. Wir haben unsere Pflicht versäumt. Für uns und unsere Sache lassen wir andere bluten. Wir haben unsere Seele dem bösen Geist des Kompromisses verkauft und haben den Pakt mit dem Blut anderer unterzeichnet. Daher kommt es, dass es uns so gut geht.

Die Feder brennt mir in der Hand, als wäre sie von glühendem Eisen, während ich diese Worte hinschreibe. Aber ich werde diese eiserne Bürde tragen. Warum? Darum, dass ich ein Christ bin; darum, dass ich auf der Kanzel stehe; darum, dass das Evangelium heute das Wort Jesus nennt. Er ist's, der mich aufstehen heißt.

Glaubt nicht, was die Politiker sagen, wenn sie uns schmeicheln! Es gibt viele tüchtige und redliche Männer unter ihnen. Was saubere Finger betrifft, können sich die dänischen Reichstagsabgeordneten mit den besten der Welt messen. Sie sind frei von Machthunger, und sie sind in noch größerem Masse frei von Korruption. Aber sie sehen ihre Aufgabe nicht darin: zu führen, sondern: geführt zu werden. Ihr Dasein als Politiker ist ja nun einmal durch die geltenden Regeln davon abhängig, dass sie den Leuten schmeicheln, ihren Wählern schmeicheln. Verlasst euch nicht auf sie! Sie sind alles andere als unvoreingenommen!

Und glaubt den Pastoren nicht zu sehr! Sie werden zu schlecht bezahlt. Und sie sind im Geist des Humanismus erzogen. Sie haben entweder vergessen oder niemals erfahren, was Christentum ist. Sie haben sich schon als Flaschenkinder an „Liiiiiebe" besoffen. In einer Welt von Männern führen sie allzu oft weibische Reden. Sie „enthalten sich der Politik". Sie predigen Frieden um jeden

Preis zum Ergötzen des Teufels, der mehr als gern sieht, dass das Böse in Ruhe gelassen wird, damit es sich nur noch mehr ausbreiten kann. Das Wort der Schrift lautet nicht: Wenn dein Nächster einen Streich auf eine Backe bekommt, dann ist es deine Pflicht, mitzuhelfen und ihn festzuhalten, damit er auch einen auf die andere Backe bekommt! Glaubt den Pastoren nicht zu sehr, bevor sie nicht erwachen und sich daran erinnern, dass sie die Diener des ganzen Evangeliums sind, die Diener des Friedensfürsten, der da kam - nicht um den Frieden zu bringen, sondern das Schwert; die Diener dessen, der Petrus verzieh und Judas sich erhängen ließ; dessen, der sanftmütig und demütig von Herzen war und gleichwohl die Tempelschänder vertrieb.

Und glaubt nicht an die Mehrheit, die sich gerne an Hoffnungen berauscht und deshalb leicht zu verlocken ist. Die große Menge genießt es, wenn ihre Wortführer die Selbstdisziplin des Volkes, seine hohe Kultur und sein vorbildliches Zusammenhalten preisen. Wie viel von dieser Selbstzucht ist doch Feigheit! Und ist sein Zusammenhalten etwas anderes, als sich passiv zu verhalten, und seine hohe Kultur mehr als einen Bückling zu machen vor dem, der die Tür eintritt? Glaubt den breiten, blinden Massen nicht! An den Kern in unserem Volk glaube ich, der ist gesund, aber der liegt auch tief, tief verborgen. Unser dänisches Volk ist verweichlicht und macht sich selbst etwas vor. Wann zuletzt stand bei uns ein wahrhafter Wille auf mit dem Mut, von unserem Volk etwas zu fordern? Der Ministerpräsident, der auf Staatskosten zu Grabe getragen wurde, war unermüdlich darin, zu versichern, dass wir - wo es um unser Leben und um unsere Ehre ging und alle anderen Völker sich um ihrer Ehre willen zu Krüppeln schlagen ließen - gut daran täten, unsere Bauwerke unbeschadet und unser Fell ohne eine Schramme zu bewahren.[4]

4 Kaj Munk spielt auf den Ministerpräsidenten Stauning an.

Oh diese Toren - mußte man sich demnach sagen - in den anderen, kämpfenden Ländern! Unser bedeutendster lebender Dichter, dessen Bücher man heißhungrig verschlingt, überfüttert das Volk mit seinen sonnigen Geschichten, wie gut es doch zu guter Letzt immer noch auf dieser schönen Welt ausginge. Und einer von unseren meistgesungenen Lyrikern, einer von den wirklich Großen, päppelte unser Volk mit dem süßen Schleim seines:

*Liebchen du und dein, und lingeling und lei*
*und Liebchen du und dingelei ...*

Ja, der Spaß kam uns teuer zu stehen! Haben wir denn nun eigentlich gar nichts getan, um unserem Schicksal aufrecht gegenüber zu treten? Oh doch, wir haben einige Versammlungen für die Jugend anberaumt, auf denen eine Reihe von älteren Leuten erschien, und die haben ein vaterländisches Lied gesungen und sind mit dem Gefühl nach Haus gegangen, eine nationale Pflicht erfüllt zu haben, wie man das billigerweise ja auch hatte erwarten können.

Im übrigen hat unser Volk sich soweit entmündigen lassen, dass es ruhig mit angesehen hat, wie Männer aus der Regierung entfernt wurden, die es darin behalten wollte, und Männer darin blieben, die es zum Teufel wünschte, und noch andere kamen, nach denen es keinerlei Bedürfnis und zu denen es noch viel weniger Vertrauen gehabt hatte. Und über all dem ist unsere Polizei angewachsen, als hätte sie die Elephantiasis, und unsere Gerichte scheinen häufig über allen Gesetzen das Recht vergessen zu haben.

Ach, glücklich und zufrieden wie ein Fisch im Wasser fühlten sie sich, unsere Herren Direktoren und Redaktoren! Es gibt eine Menge solcher „-toren" - aber keiner ist in die Ehre und die Freiheit seines Vaterlandes vernarrt. Das freie dänische Volk hat sich beinahe ohne Schwertstreich zu einem Sklavenvolk machen lassen, so können die, die da kämpfen, uns schmähen. „Lieber Sklave in Ketten, als Held auf dem Friedhof!" Jeder größere Ball, jedes bessere Essen fängt damit an, dass ein Redner ein wenig über die schwierigen Zeitläufe klagt und fromm wie ein Lamm die Hoffnung ausspricht, wir möchten doch recht bald wieder unsere Freiheit und Selbständigkeit zurückgewinnen, „die man uns versprochen hat." Und danach überlässt man sich einem gebratenen Truthahn und der Jazzmusik. Anderer Länder Jugend - ja, deren Leiber verwesen auf den Schlachtfeldern, während die Seele unserer Jugend auf den Tanzböden verfault. Wir wagen nicht, etwas Ernstes von ihr zu fordern, weil wir diesen Ernst nicht auch von uns selber fordern.

Bis an den Hals hinauf hat uns der Materialismus schon verschlungen; wir glauben keinen Deut mehr an Christi Wort, dass die Seele mehr wert sei als der Leib. Es ist so bequem, eine Versammlung mit dem kurzen, knappen:

*Kämpf' für alles, was dir lieb ist,*
*und, wenn's sein muss, stirb dafür!*

zu schließen. Wir singen es gern, ja, aber etwas damit wirklich anzufangen oder gar danach zu leben - Gott bewahre uns! Und noch einmal: Gott bewahre uns!

Aber diejenigen, die Protest erheben; diejenigen, die wirklich etwas wollen; diejenigen, die da wissen, dass die Jugend ins Verderben gerät, wenn man sie zwingt, untätig zu sein, und dass das Land um seine Zukunft bestohlen wird, wenn man immer nur an seine Gegenwart denkt; diejenigen, die sich gegen Nachgiebigkeit und Doppelspiel auflehnen - wie ergeht es denen? Gegen die Verfassung des Landes, gegen das Rechtsgefühl des Volkes, gegen

Recht und Gerechtigkeit selber schleifen auf den Wunsch von Fremden hin Landsleute ihre Landsleute ins Gefängnis. So viele von Dänemarks besten Männern und Frauen sind mittlerweile verhaftet, verschleppt oder ins Exil getrieben worden, dass man mit vollem Recht sagen kann: wir leben im Bürgerkrieg!

Henrik Ibsen wollte das norwegische Volk lehren, groß zu denken. Doch unsere Dichter, unsere Führer haben uns Hanswurstigkeiten- und Almosen-Annehmen beigebracht. „Es ist so schade um die Jugend, dass sie militärisch ausgebildet werden soll; es ist so schade um die Jugend, dass sie mit dem Sex bis zur Ehe warten soll. ... " Wir waren das Volk in Europa, dem es am besten erging und das sich dennoch fortwährend selbst leid tat.

Groß denken! Brachte Ibsen es denn seinem Volke bei? Ja, seht euch dieses Volk heute an! Sein Mut und seine Stärke leuchten der ganzen Welt voran. Wie hat die dänische Kirche die Kirche ihres Brudervolkes in ihrer Gradheit und Entschiedenheit bewundert! Das finnische Volk, das norwegische Volk - keines von beiden ist größer als wir. Und doch, wie unendlich viel größer! Woran können wir Dänen uns halten? An unsere Geschichte? Die ist nichts wert, wenn sie heute nicht in uns lebendig ist. Unsere Verfassung? Die taugt nur für ein Volk, das sich fest vorgenommen hat, sie zu achten, und unerschütterlich fest daran hält, dass auch andere sie achten müssen. Unser König? Jung ist er nicht mehr, und Krankheit und Unglück sind hart mit ihm umgegangen. Und doch ist er der einigende Mittelpunkt für uns und genießt unsere tiefste Ergebenheit. Aber er ist nur ein Einzelner. Und wer sind die Männer, die um ihn sind?

Es gibt eine Geschichte von einer Frau in einer Gemeinde auf Fünen, die irgendwann einmal in ihrer Ratlosigkeit ausrief: „Ja, aber das ist doch schrecklich! Dann kann man sich ja nur noch an den Herrgott halten!" So schrecklich ist unsere Lage heute. Wir haben nur noch den Herrgott, an den wir uns halten können. Gott sei Dank dafür! Gott sei gedankt, dass wir Gott haben - ihn, dessen Zorn immer zugleich auch Gnade ist; ihn, der einem ganzen Volk die Vergebung seiner Sünden bereithält und der dir solche Kräfte gibt, dass du noch einmal jung wie ein Adler wirst.

Denn das ist es ja, was unser altes Volk braucht: die Kraft der Verjüngung, Gottes verjüngende Kraft, auf dass ein neues Volk ersteht, das gleichwohl das alte ist: die würdigen Söhne der Väter. Das Evangelium muss Dänemarks Volk lehren, groß zu denken; der Würde den Vorzug zu geben vor dem Vorteil, der Freiheit vor einer Entmündigung, die sich auszahlen soll; es muss Dänemark lehren, an den Sieg des Opferwillens zu glauben, an Leben durch Tod, an Zukunft durch Selbsthingabe, an Christus! Was nützte es einem Volk, wenn es durch Vorsicht alle Vorteile der Welt gewönne und nähme doch Schaden an seiner Seele?

Das Kreuz in unserer Fahne! ... Lange ist es her, dass wir uns dessen bewusst waren, dass es etwas bedeutet. Und dabei ist doch gerade das Kreuz das Wahrzeichen für alle Fahnen des Nordens. Wir sind in die Kirche gegangen, die wenigen, die hier anwesend sind, und haben etwas gehört vom Kreuz, vom Beispiel der Leiden Christi und Christi Forderung nach Selbstverleugnung und Kampf ... und haben gedacht, das wäre „rein geistig" zu verstehen und passte nicht ganz zu unserer Zeit. Wir waren Christen, wenn wir in der Kirche saßen und Amen sangen. Aber nein, nein! Wir sind erst Christen, wenn wir in die Welt hinausgehen und Nein sagen zum Teufel und seinem Tun und Treiben und ja zum Heiligen Geiste!

Dies fordern wir hier in der Kirche von euch am Neujahrstage, ihr Männer der dänischen Regierung: So wahr ihr die Regierung eines christlichen Volkes sein wollt, handelt während des Jahres, das jetzt kommt, im Geiste der Kraft und der Liebe Christi! Wir wissen, eure Aufgabe ist titanisch schwer. Aber wenn ihr im Geiste Gottes handelt, wird er, der Herr auch über Titanen, euch Standhaftigkeit, Weisheit und Stärke verleihen. Unser Volk zerfällt immer mehr in Arme und Reiche. Ihr sollt das Kriegsgewinnlertum mit christlicher Unbarmherzigkeit verfolgen, diejenigen mit Steuern schlagen, die Blutgeld verdienen, bis sie selber anfangen zu bluten und ihr Geld unter die Tausende verteilen, die unter der Teuerung und dem Schwindel der Ersatzwaren dahinkümmern. Ihr sollt über unsere Jugend wachen, die tagtäglich weiter verroht und verflacht, die Eltern strafen, die ihre Kinder nicht zu schützen wissen vor Läuse und Krätze, Geschlechtskrankheiten und nächtlichen Ausschweifungen, die ein ganzes Leben vernichten. Ihr sollt treu sein den gottgeheiligten Idealen der Demokratie: Zwingt keines Menschen Gewissen! Wendet niemals Gewalt an gegenüber anderen Religionen, - es seien denn die Religionen der Gewalt selber! Lasst jedem Menschen Recht und Gerechtigkeit widerfahren! Scheut wie die Pest die Verfolgung von Wehrlosen! Und vergesst nicht, dass ihr die Kronschätze eines tausendjährigen Reiches zu verteidigen habt - nicht nur für heute, sondern für eine tausendjährige Zukunft -, und dass die ersten und größten der Kleinodien heißen: Ehre, Ehre und abermals Ehre! Dies ist das erste und das letzte, und könnt ihr dies nicht bewachen, dann wäre es besser, es gäbe euch nicht!

Der Schnee schmilzt, der Nebel zerteilt sich, vor uns steigt ein Land auf, das ergrünen soll. Wir lieben es unsäglich. Denn es ist unser Dänemark. Wir lieben es um Rolfs Tapferkeit willen, wegen Tyras Voraussicht, wegen Absaloms Wikingerchristentum, wegen Margarethas Weitsicht und Seelengröße, wegen Christian IV. getreuer Arbeit, wegen des südjütländischen Bauern Ausdauer und unerschütterlichem Glauben. Wir lieben es wegen unserer Mutter schrundigen Händen und des Kusses in der Vorsommernacht, den unsere Liebste uns gab. Wir lieben es um seiner hellen, offenen Hauptstadt willen, des klein-geschäftigen Fünen, das etwas ganz Besonderes für sich ist, und um Jütlands willen, das England ähnelt. Um all der hingekleckten Inseln willen und des Meeres, das unser Kaiserreich ist, angefangen vom Fluss bis ans Ende der Welt.

Wir lieben dieses Land um unserer Dichter und Denker willen, und endlich auch der Molkereien wegen, des dänischen Arbeiters wegen, der die schweren Bürden der Zeit auf seine breiten, selbstbewussten Schultern nimmt, und des Soldaten wegen, der seit den Zeiten Sven Tveskægs[5] bis auf Christian X.[6] seine Witze reißt, selbst wenn er den Tod vor Augen hat. Wir lieben es, weil unserer Kinder Wangen rot und rund sind; deshalb, weil es uns gelehrt hat, dass wir zu Tieren gut sein und jeden Menschen als einen Menschen betrachten sollen; deshalb, weil es einem jedweden von uns nordische Ritterlichkeit und nordische Abscheu vor Bütteln in seine Seele mitgegeben hat.

Wir lieben es, wenn es ihm gut geht und es lacht und der Welt Märchen erzählt, die wahr sind; aber am meisten lieben wir es, wenn es gefallen ist und in Ohnmacht und Schande darniederliegt, weil, ja weil wir untreu waren! Oh, Mutter, vergib uns! Jahrtausende liegen vor dir. Sollen unsere Kinder und Kindeskinder, sollen sie an diese Zeit und an uns so denken, dass wir noch in unseren Gräbern erröten müssten? Nein. Und darum bitten wir: Gib uns Christentum, gib uns Mut und Glauben, um uns aus unserer Verzagtheit und Wankelmütigkeit zu erheben, um das

5 Sven Tveskægs (Sven Gabelbart) ca. 960 bis 1014 war ab 986 König von Dänemark und wurde 1013 zum König von England erklärt.

6 Christian X war der amtierende dänische König, den Kaj Munk sehr verehrte.

einzig Rechte zu wollen, was es uns auch kosten mag. Denn nur eins kann die gefährlichsten Folgen für Land und Volk haben: seinen Idealen untreu zu werden. Gib uns Mut, wieder zurückzukehren zur Treue gegenüber dem, woran wir glauben - und wenn sich darüber auch die Gefängnisse bis zum Bersten füllen. Diejenigen, die sich zu Ehren der Philister willig ihr Haupthaar scheren ließen, mögen gern die Mühlen von Gaza solange für sie drehen, bis ihnen das Haar eines Tages von neuem sprießt.

Führ uns, du Kreuz in unserer Fahne, führ uns hinaus in den Kampf, vereint mit dem geknechteten Norwegen und dem blutenden Finnland, in den Kampf des Nordens gegen die Idee, die der völlige Gegensatz zu unserer eigenen ist! Führ das alte Dänemark vorwärts zu einem neuen Geist! Nicht durch die Gnade und die Versprechungen anderer soll der Danebrog wieder eine freie Fahne werden. Denn Freiheit kann nur Gott allein schenken, und er schenkt sie nur dem, der auch weiß, wozu das Geschenk verpflichtet. Führ uns, du Kreuz in unserer Fahne, zur Gemeinschaft mit all den anderen Kreuzfahnen. Das alte Dänemark mit wieder gewonnener Ehre und wieder gewonnener Freiheit in einem jungen Norden - dieses Hoffnungsbild soll uns an diesem Neujahrstag voranleuchten. Wir, denen dieses Bild erschienen ist, wollen uns selber ihm weihen. Wir geloben, dass wir es tun.

Gott höre unser Gelöbnis und spreche selber sein AMEN.

# Predigt am 5. Dezember 1943

# in der Kopenhagener Domkirche

*Kaj Munk hielt diese Predigt im Kopenhagener Dom, der Vor Frue Kirke, trotz Verbot der deutschen Besatzungsmacht. Wider Erwarten erfolgten unmittelbar danach keine Repressalien gegen ihn, aber einen Monat später, am 4. Januar 1944, wurde er von einem SS-Kommando verhaftet und erschossen. Der Predigttext wurde als Flugblatt der dänischen Freiheitskämpfer im Untergrund verteilt, zuerst als Sonderdruck von „Folk og Frihed", Januar 1944.*

**(1) Dann wird das Himmelreich gleich sein zehn Jungfrauen, die ihre Lampen nahmen und gingen aus, dem Bräutigam entgegen. (2) Aber fünf unter ihnen waren töricht, und fünf waren klug. (3) Die törichten nahmen Öl in ihren Lampen; aber sie nahmen nicht Öl mit sich. (4) Die klugen aber nahmen Öl in ihren Gefäßen samt ihren Lampen. (5) Da nun der Bräutigam verzog, wurden sie alle schläfrig und schliefen ein. (6) Zur Mitternacht aber ward ein Geschrei: Siehe, der Bräutigam kommt; geht aus ihm entgegen! (7) Da standen diese Jungfrauen alle auf und schmückten ihre Lampen. (8) Die törichten aber sprachen zu den klugen: Gebt uns von eurem Öl, denn unsere Lampen verlöschen. (9) Da antworteten die klugen und sprachen: Nicht also, auf dass nicht uns und euch gebreche; geht aber hin zu den Krämern und kauft für euch selbst. (10) Und da sie hingingen, zu kaufen, kam der Bräutigam; und die bereit waren, gingen mit ihm hinein zur Hochzeit, und die Tür ward verschlossen. (11) Zuletzt kamen auch die anderen Jungfrauen und sprachen: Herr, Herr, tu uns auf! (12 )Er antwortete aber und sprach: Wahrlich ich sage euch: Ich kenne euch nicht. (13) Darum wachet; denn ihr wisset weder Tag noch Stunde, in welcher des Menschen Sohn kommen wird. (Mt 25, 1 – 13)**

Die Großmächte kämpfen einen Kampf auf Leben und Tod. Aber solch einen Kampf kämpft auch die Großmacht, die wir Kirche nennen. Denn die Kirche ist eine Großmacht, größer als andere. Die anderen kämpfen für sich selber. Gleichgültig, mit was für schönen Namen sie ihren Kampf schmücken, sie kämpfen für sich selber, um ihr eigenes Sein oder Nichtsein. Die Kirche ist eine Großmacht, weil ihr Ziel etwas viel Größeres ist. Sie kämpft für die Seele der Menschheit. Und kämpft sie für sich selber, dann ist sie zum Tode verurteilt.

Als ich ein Kind war, da fasste ich die Geschichte von den zehn Jungfrauen ganz einfältig so auf, dass wir Menschen, wenn wir nicht Buße tun und unsere Herzen zu Gott bekehren, verloren sind. Es ist bestimmt richtig, dass die Geschichte auch dieses meint. Es gibt viele andere Anliegen der Kirche als nur die, die auf das Mahnen und Erwecken ausgehen; aber es soll sie auch geben. Bedenklich ernst steht es um die Kirche, die das Zeugnis von sich weist: »Du musst dir deines Christentums bewusst werden; du musst dich Gott anvertrauen mit allem, was du bist und hast; Gott ruft dich zur Umkehr, zum Abschied von dir selber in einem mystischen Willensakt; wenn du dich nicht umwendest, kannst du nicht in das Reich Gottes eingehen!» Hast du erst einmal wirklich und wahrhaftig den Ruf gehört: »Der Bräutigam kommt!« und gehst ihm dann nicht entgegen, dann wisse, erbärmliche Seele, dass du dich am Auferstehungsmorgen vor einer verschlossenen Tür finden wirst. Oh, wohl ist es wahr, dass Gottes Barmherzigkeit unendlich ist; aber gerade deshalb auch meint er es todernst. Schiebst du ihn von dir, dann wirst du erleben, dass der Gott der Barmherzigkeit gerade aus Barmherzigkeit unbarmherzig ist. Denn das Drama von Golgatha war blutige Wirklichkeit und kein Theaterstück, das man je nach Belieben besuchen oder von dem man weg bleiben kann.

Ich sage noch einmal: solche Töne muss die Kirche, die in Christi Namen kämpft, immer finden. Aber seht, oftmals ist es nun so oder kann leicht dahin kommen, dass man sich einbildet: Christentum, das ist eine Sache zwischen Gott und mir allein. Habe ich Gott einmal mein Herz geschenkt, dann weiß ich, dass ich ein gläubiger Christ bin, und kann glücklich und zufrieden sein, dass meine Sünden mir vergeben worden sind um des Blutes willen, das für mich vergossen worden ist. Und dann kann man in erbaulichen Betrachtungen schwelgen, dass man jetzt – Gott sei Dank! - das Seine in Sicherheit hätte und dass die anderen selber zusehen könnten, wie sie sich aus der Sache herausziehen wollen.

Das, was mich am meisten bewegt an dem Gleichnis, das unser Herr uns heute erzählt, ist der Umstand: dass sie alle in Schlaf fielen. Bei den törichten Jungfrauen mit ihrem oberflächlichen: »Abwarten und Sehen, das wird schon werden!» wundert einen das nicht weiter. Aber die klugen Jungfrauen - haben die sich von ihrem Gefühl, dass sie ja alles in Ordnung hätten, verleiten lassen? Nun gut, sie kamen ja mit hinein, aber sie mussten ihre Gefährtinnen im Stich lassen. Dem Bräutigam wurde ein schlaftrunkener Empfang zuteil. Und das Letzte, was uns die Geschichte berichtet, sind diese dumpfen, verworrenen Geräusche der kleinen, erschreckten, schweißigen Mädchenhände, die sich an einer verschlossenen Tür zu schaffen machen, und die harte Stimme von drinnen, die harte Stimme des barmherzigen Gottes: Wahrlich, ich kenne euch nicht!

Das ist eine strenge Geschichte, wie so viele, die unser milder Erlöser uns hinterließ. Das einzig Erbauliche an ihr ist, dass sie eben nicht erbaulich ist. Denn es ist ja zu guter Letzt unsere Lage, von der sie handelt. Könnt ihr das nicht heraushören? Sie ruft uns durch die Wolken zu: Was habe ich euch gesagt? Ein bitteres und schweres, ein ewigkeits-ernstes: Was habe ich euch gesagt?

Es waren zehn Jungfrauen, und sie fielen in Schlaf. Nur weil meine Wiederkunft sich um ein Kleines hinauszog, fiel meine ganze Kirche in Schlaf.

Denn das ist ja die Wahrheit über uns. Und die gilt für alle, angefangen vom Papst bis zum Gemeindepastor von Vedersø: wir sind in Schlaf gefallen, weil sich die Wiederkunft des Herrn etwas verzögert hat. Das heißt auf gut Dänisch: dass Christus nicht lebendig genug für uns ist und dass alles, was wir verkünden, eben nur Verkündigung an Stelle von Wirklichkeit ist. Es gab einmal einen Arzt im mittleren Jütland, der in einer Gesellschaft von gläubigen Menschen aufstand und den Vorschlag machte: Jetzt wollen wir auf das Wohl des Diktators trinken! - Das war lange vor dem 9. April. Ein Teil der Anwesenden erhob Einspruch, und da rief der Arzt: Hunderttausende gibt es, die bereit sind, ihr Leben für ihn zu opfern; wie viele von euch Christen würden das für Christus tun?

Das war ein Wort, das mich jedenfalls tief getroffen hat. Wenn die Kirche so verhältnismäßig schwach inmitten der voranstürmenden neuen Religionen stand, dann war daran nicht der Herr der Kirche schuld, der ewig der Gleiche ist, sondern das war unsere eigene Schuld, die Schuld der Kirche selber, die ihr nächst teuerstes Kleinod verloren hat. Das Teuerste, das ist Christus selber; aber das nächst Teuerste, das ist der Märtyrermut der Christen. Nicht dass sie Helden sein wollen und der Ehrgeiz sie plagt, nicht dass sie sich krankhafter Befriedigung in Selbstquälereien hingeben, aber dass sie Christus so lieben, dass ihnen kein Opfer zu groß wäre für ihn! Mit diesem Märtyrermut haben wir einmal die Welt überwunden, und ohne ihn wird die Welt uns überwinden. Die Römer glaubten, dass, wenn man die Christen nur totschlüge, sie auch tot wären. Aber das Blut der Christen war Saatgut. Wenn man sie totschlug, wurden ihrer noch mehr.

Man spricht über die Freidenkerei, über die neue Moral zwischen den Geschlechtern, über den Fluch der Technik, über den Materialismus der Jugend. ... Aber all das ist ja völlig bedeutungslos. Auf uns selber müssen wir den Schweinwerfer richten! Die ersten Christen weiland standen in vieler Hinsicht hinter uns zurück. Sie waren ärmer, sie steckten voller Aberglauben und besaßen nur mangelhafte Kenntnisse in den ärztlichen Wissenschaften, sie waren mäßige Prediger. Paulus zum Beispiel litt an dem bitterbösen Pastorenfehler, dass er niemals ein Ende finden konnte. Er konnte, wie man in Jütland sagt, das Amen nicht finden, und die Leute fielen darüber in Schlaf, ja, ein junger Mann war nahe daran, sich zu Tode zu fallen. Aber Christus war für sie alle lebendigste Wirklichkeit! Er hatte eine Flut von Unglück über sie heraufbeschworen. Auch dazu hatte er den Mut. Man hört heutzutage viele Menschen sagen: Ja, wir selber hätten schon den Mut, aber dann würden auch andere darunter leiden, und folglich unterlassen sie es um dieser anderen willen, etwas zu tun, und erlassen dadurch auch sich selber alles, um der anderen willen.

Christus war ein Streiter, er stand selber in vorderster Front, aber er scheute sich auch nicht, die Seinen dorthin mit sich zu ziehen, wo Tod und Qual und Verstümmelung der Lohn des Helden waren. Und sie folgten ihm ohne Zögern. Stolz. »Sonderlich freudig, entehrt zu sein um seines Namens willen.» - Ach! meine Freunde, dahin, dahin müssen wir selber wieder gelangen! Nicht um unsertwillen, nicht um uns einen Parkettplatz im Himmel zu sichern. Sondern weil wir ja doch Christen sind. Wie laue und verschlafene Christen wir auch sein mögen, so *sind* wir doch Christen, das Reich ist uns anvertraut.

Die Botschaft, die Christus der Menschheit schenkte, und das Opfer, das er für sie brachte, ihr Zweck war ja doch nicht, die Nimmersatten dahin zu bringen, eine Versicherung auf die ewige

Seligkeit einzugehen. Paulus hat, soweit ich's beurteilen kann, nicht recht darin, wenn er meint, dass wir Christen die unglücklichsten aller Menschen seien, wenn es wirklich kein anderes als dieses Leben gäbe. Jesus selber war erstaunlich diesseitig. In seinem Programm heißt es: dein Reich komme, dein Wille geschehe wie im Himmel also auch auf Erden. Und die Jungfrauen, die ihre Lampen genommen haben, um dem Bräutigam entgegen zu gehen, die gerade sind seine Gemeinde hienieden, und »ihm entgegen zu gehen» ist die Ausdrucksweise des Gleichnisses dafür: mit im Kampfe zu stehen für die Gründung seines Reiches hier auf Erden. Deshalb hat Holger Drachmann recht in seinem Zorn: Wenn wir Pastoren uns damit begnügen, Wechsel auf die Ewigkeit auszustellen, dann sind wir nicht mehr die Priester dessen, der niemals einen Wechsel ausschrieb, sondern wo immer er auch ging und stand und saß, die Ewigkeit einführte. Das Christentum war in Wirklichkeit immer eine recht ungeistige Religion. Der Zimmermannssohn aus Nazareth wurde als guter Jude, der er war, niemals der Erde untreu, der Erde, die Gott der Vater geschaffen, die das Böse verdorben hatte, aber die nun einmal doch von Gott dem Vater geschaffen worden war und ihren Sinn in ihm allein hat. Diesen Sinn zu verwirklichen, das war das Werk des Sohnes.

Also muss so scharf wie nur irgend möglich gesagt werden: Wenn verzückte Christen darüber klagen, dass in der Kirche Politik gepredigt wird, so führen sie unchristliche Reden. »ja, aber ... Politik hören wir doch schon im Rundfunk und lesen wir doch in den Zeitungen; können wir denn nicht einmal im Gotteshaus der Politik entgehen?» - Gut, aber wie hören wir sie im Rundfunk? Wie wird sie in den Zeitungen behandelt? Im Hause Gottes sollen wir die Politik in ihrem Verhältnis zu Gottes Wort hören. Es ist gut und schön, seine Seligkeit auf der sicheren Kante zu haben und seines Glaubens und alles möglichen anderen, das dem Phantasieleben und den Geistesgaben zugehört, gewiss zu sein.

Aber niemals vergesse ich, was der verehrte Lehrer meiner Jugend, Professor Geismar, einmal erzählte. Er hatte in Deutschland an einer großen christlichen Versammlung unter freiem Himmel teilgenommen, und mit der Zeit hatte man sich selber und einander derartig in Begeisterung geredet, dass die ganze Versammlung spürte: jetzt brauchte man sich nur auf die Knie zu werfen und zu beten, und dann würde das Wunderbare geschehen, mit feurigen Zungen und der Ausgießung des Heiligen Geistes und Christi Erscheinung in den Wolken. Da rief ein Engländer über die Köpfe der anderen hinweg in gebrochenem Deutsch: Wir müssen Gottes Willen tun!

Die weltlichen Machthaber sind mit den sogenannten frommen Christen darin einig, dass keine Politik in der Kirche getrieben werden soll, und darin kommt die Kirche ihnen auch gerne solange entgegen, wie sie eine Politik führen, die Christus nicht fremd ist. Aber schlagen sie Wege ein, die Christus als Wege gegen Gottes Willen bezeichnet hat, Wege, die für ihre Völker in den Abgrund führen, dann wäre die Kirche, die dazu schweigt, nicht Jesu Christi Kirche! Denn die Sünde zu verschweigen, ist die Sprache des Teufels. Als Christus gegen die Reichen wetterte, als er die Pharisäer anprangerte, ging er ja auf ökonomische und juristische Gebiete ein.

Wenn die ersten Christen sich weigerten, dem Bildnis des Kaisers Opfer darzubringen, begingen sie offenen Aufruhr. Gott gnade uns, wenn wir nicht verstehen, dass die Kirche gerade dazu geschaffen ist, in jedem gegebenen Augenblick die Ewigkeit zu vergegenwärtigen!

Es würde in dieser einfachen Predigt zu weit führen, auf Einzelheiten einzugehen. Nur eins will ich sagen. Wenn man hier im Lande mit der Verfolgung einer gewissen Gruppe unserer Landsleute anfängt, nur um ihrer Abstammung willen, dann ist es christliche Pflicht der Kirche zu rufen: Das ist gegen das Grundgesetz im Reiche Christi, die Barmherzigkeit, und das ist verabscheuungswürdig für jedes freie nordische Denken. Und die Kirche muss weitergehen, ohne sich beirren zu lassen. Geschieht das noch einmal, dann wollen wir mit Gottes Hilfe versuchen, das Volk zum Aufruhr zu bringen. Denn ein christliches Volk, das tatenlos zusieht, wenn seine Ideale mit Füßen getreten werden, gibt dem tödlichen Keim der Verwesung Einlass in seinem Sinn, und Gottes Zorn wird es treffen

Unser Volk! Unser Volk! Wir sind ja eine christliche dänische Gemeinde, und als Christen kann uns das Schicksal unseres Volkes nicht gleichgültig lassen. Es liegt etwas in dem Gleichnis des heutigen Tages, das uns nicht nur als Christen, sondern auch als Volk unmittelbar angeht; als ein unternehmungslustiges und waches Volk auf vielen Gebieten, das sich aber in den Daseinsfragen selber erweist als ein Volk des lächerlichen „Das-wird-sich-schon-deichseln-lassen“.

Es erscholl ein Ruf um Mitternacht. Nicht der Ruf: der Bräutigam kommt! Nein, es war der Ruf: der Wolf ist los! Der Krieg brach über uns herein, und wir hatten kein Öl auf unseren Lampen, und die, die uns welches leihen sollten, gingen uns aus dem Wege, wie es immer denen ergeht, die bei Zeiten hätten Vorsorge treffen können und es doch nicht taten. Wie muss uns eisig bange werden, es könnte für das dänische Volk damit enden, dass es als Folge seiner Sorglosigkeit ausgeschlossen draußen vor der Tür des Lebens stehen und der strenge Herr des Lebens, der von den Seinen Kampf und Opfer verlangt, auf unser Rufen antworten könnte: »Ich kenne euch nicht!« Aber wir bitten darum, dass an dem Gleichnis etwas abgeändert, dass uns eine Gnadenfrist vergönnt sein möge, um Öl für unsere Lampen zu besorgen. Und lasst uns nicht denen glauben, die uns lauter Selbstaufgabe und Zerknirschung predigen. Es gibt viele gute Zeichen dafür, dass das dänische Volk eben dabei ist, aus seinem geistigen Schlaf zu erwachen. Wenn Leute mit nicht ganz unbeschädigten Ehrbegriffen Vorträge halten und Stücke schreiben, so hat doch das dänische Volk sich einen klaren Kopf bewahrt. Und wenn das große Publikum im Königlichen Theater Evalds »Fischerweise» huldigt, so gelten die Bravorufe nicht nur dem jungen Schauspieler und der meerfrischen Art, wie er sie singt, dann ist das nicht nur ein Gruß an den toten Dichter für die gewaltige Gabe, die er seinem Volk schenkte, und nicht nur ein Ausdruck von Ehrfurcht und Dank an den König Christian, unseren König Christian, sondern dann ist das all dieses und noch mehr: es ist ein Dank an die dänische Flotte, die sich zu allen Zeiten der Worte unserer Nationalhymne wert gezeigt hat. Und es ist eine Bitte, wir alle möchten des Geistes werden, der den von der Gicht verkrümmten Dichter in den beiden höchsten Augenblicken seines Lebens erfüllte: da er mit König Christian am hohen Mast einem ehrenvollen Grabe entgegenfuhr und da er mit seines Erlösers Hilfe etwas anderem, darüber hinaus, entgegenfuhr:

*„Rüst aus dich, Held von Golgatha, den roten Schild mir halt',*
*denn Sünd' und Tod, du siehst es ja, bedräu'n mich mit Gewalt."*

Man fällt viele harte Urteile über die Jugend in unserer Zeit, und manche gewiss auch mit Recht. Aber wenn das gesagt wird, dann soll man auch nicht vergessen, dass es eine Jugend ist, die frisch und gesund und tatkräftig ist und sich auf ihre eigene schöne Art und Weise die höchsten Ideale erhalten hat, eine Jugend, die bereit ist, Leben, Leib und Ehre aufs Spiel zu setzen für ihr Land und das, woran sie glaubt.

Die Kirche will Dänemark zu einem nationalen Erwachen aufrütteln, aber sie will sich um keinen Preis mit diesem Erwachen begnügen. Einen Nationalismus ohne Christentum verdammen wir als ein Übel. Es gedeiht Hass auf der ganzen Welt, ein wilder Hass, verzehrend böse. Christus hat uns das Grosse darin gelehrt, sich von ganzem Herzen und ganzem Vermögen wider das Böse aufzulehnen, ohne zu hassen und ohne sich vom Hass vergiften zu lassen. Christus hat uns den tiefen Unterschied zwischen gerechter Strafe und Rache gelehrt. Wenn dieser Krieg sein blutiges Ende gefunden hat, wird der Fürst der Finsternis aus den Gräbern nach Rache schreien. Auch wir kennen Leute, mit denen Abrechnung gehalten werden muss, aber das soll im Namen Gottes geschehen und nicht im Namen des Teufels. Möge es so sein, dass jeder von uns dann bereit ist, auf dem Posten, auf dem wir stehen, und mit den Gaben, die wir besitzen, ohne einen Augenblick danach zu schielen, was es uns kosten könnte, unser Teil daran zu tun, der Welt vorwärts zu helfen: seines Reiches Kommen entgegen und seines Willens Herrschaft, hier auf Erden wie in seinem ewigen Himmel.

Quelle: Dänische Predigten von Kaj Munk Stockholm o. J (1945), Seite 30 – 40. Der Übersetzer ist nicht angegeben. Es war Edzard Schaper. Der dänische Text wurde zunächst auf Flugblättern und in hektographierten Abschriften im Untergrund verbreitet, er erschien 1946 in Kaj Munk: „I Guds Bismer – Sidste danske Prædikener“ Kopenhagen 1946, Seite 37 – 54 und findet sich in: Kaj Munk Mindeudgave, Prædikener, Seite 349 – 355 und ferner in der elektronischen Kaj-Munk-Studienausgabe unter https://www.studieudgaven.kajmunk.aau.dk/tekster/vis/prædikener/102006/Anden%20Søndag%20i%20Advent

# Kaj Munks Neujahrspredigt 1944

*Diese seine vorletzte Predigt hielt Kaj Munk in seiner Kirche in Vedersø am Neujahrsmorgen 1944 - ohne Talar und nicht von der Kanzel aus. Er sprach frei. Unmittelbar danach schrieb er auf Bitten seiner Frau die Predigt nieder. Denn wegen der Brisanz seiner Worte war mit Folgen zu rechnen. Die allerletzte Predigt, die er am Sonntag danach hielt, ist nicht erhalten.*

Gebet: Lieber Gott, Vater unser in der Höhe, wir danken Dir dafür, dass Du dieses Haus hier auf Erden aufgerichtet hast, damit die Wahrheit ihre eigene feste Burg unter uns haben kann. Habe Dank, dass Du uns auch an diesem Neujahrtag hierhin gerufen hast. Es gibt zu viele Lügen in der Welt. Hier aber hört man Dein wahrhaftiges Wort. Es fragt nicht nach unserem Beifall und nimmt keine Rücksicht auf unsere Verärgerung. Sondern es will uns zuverlässig als Trost und Richtschnur dienen. Möchten wir doch offen sein für dieses Wort. Amen

Liebe Gemeinde in Vedersø! Zunächst möchte ich Dank sagen für die große Weihnachtskollekte, die 260 Kronen erbrachte, die nun zu einem Drittel weitergeleitet wird an die Bibelgesellschaft und zu zwei Drittel an den Träger des Waisenhauses im Kreise Ringkøbing.

Ihr wundert euch vielleicht darüber, dass ich hier unter - und nicht auf - der Kanzel stehe, neben dem Weihnachtsbaum, in meinem Mantel und mit meinem roten Schal um den Hals. Aber als ich mich gestern vor Gottes Angesicht auf diesen Gottesdienst vorbereitete, bekam ich die Gewissheit, ich könnte unmöglich morgen weder auf die Kanzel steigen noch vor den Altar treten. Tiefe Sorge und großer Schmerz erfüllen mich. In letzter Zeit geht ein tiefer Riss durch den guten nationalen Konsens unserer Gemeinde. Menschen, die das nicht nötig hätten, haben sich in den Dienst der Deutschen gestellt. Das muss im Namen der Wahrheit getadelt werden in dieser Kirche, die gebaut wurde, um als heilige Wohnstatt der Wahrheit zu dienen. Einige von euch könnten jetzt denken, dass solche Worte kein Heimatrecht im Hause Gottes haben. Aber die irren sich. Wenn Menschen in der Gemeinde sündigen, so hat die Gemeinde ihr Gotteshaus gerade dafür, dass darüber gesprochen wird. Gottes Wort bewegt sich nicht nur innerhalb bestimmter Abgrenzungen. Es hat nämlich mit dem ganzen Leben in jeglicher Hinsicht zu tun.

Dänemark befindet sich im Kriegszustand mit Deutschland. Seit dem 29. August letzten Jahres können wir es klar aussprechen, was vorher nicht eindeutig feststand. An diesem Tage begründete der deutsche Oberbefehlshaber hier im Lande seine Maßnahmen mit Prinzipien, die zwischen kriegsführenden Staaten gelten. Wenn nun ein Däne freiwillig den Deutschen hilft, so ist das vaterlandsverräterisches Verhalten.

Ich stehe hier nicht, um Hass gegen irgendwen zu predigen. Das ist mir schlechterdings nicht möglich. Ich hasse noch nicht einmal Adolf Hitler. Ich weiß, welchem Terror und welcher Not die Welt gegenwärtig ausgesetzt ist. Ich weiß, welche Erniedrigung meinem eigenen Land gegenwärtig zugemutet wird. Ich weiß, dass ich mich nun schon seit Monaten keinen Abend zur Ruhe begebe, ohne zu denken: „Kommen sie diese Nacht, um dich abzuholen?" Und dieser Gedanke stimmt den nicht fröhlich, der das Leben liebt, der noch viel zu erledigen hat in seiner Arbeit und der glücklich ist über seine Frau und seine Kinder. Und doch vermag ich nicht zu hassen. Denn Menschen sind so verschieden und von so verschiedenen Geistern besessen, und der Heiland hat uns zu beten gelehrt: „Vergib ihnen, denn sie wissen nicht, was sie tun."

Aber deswegen ist das noch lange keine christliche Tat, wenn man den Deutschen hilft, Bunker gegen die Engländer zu bauen, damit unser eigenes Vaterland so lange wie möglich in Sklaverei und Unterdrückung gehalten werden kann. Und auch das ist keine christliche Tat, an die Deutschen für teures Geld die Eier und das Fleisch zu verkaufen, das unsere eigene arme Arbeiterschaft in den Städten so nötig braucht. Es ist kein christliches Verhalten, sich dem Unrecht zur Verfügung zu stellen, sondern es geschieht aus Feigheit, Geldgier oder dummer Fügsamkeit.

Wir wissen, wie es uns mit diesen Deutschen ergangen ist. Die schlossen einen Nichtangriffspakt mit uns. Danach überfielen sie uns mit ihren Kanonen, Panzern und Kampfflugzeugen und machten uns heimatlos im eigenen Land und rechtlos unter unserer eigenen Regierung. Zweimal haben sie das Blut der Söhne unseres Landes vergossen.[7] Unserem alten König haben sie die Macht genommen und ihn unter Hausarrest gestellt. Sie haben um sich geschlagen mit Gefangennahmen und Misshandlungen. Und sie haben die Schändlichkeit der Judenverfolgungen auch über unser nordisches Land kommen lassen. Dabei haben sie hundertjährige Greisinnen weggeschleppt und wehrlose Menschen vom zweiten Stock an den Füßen heruntergeschleift, dass ihre Köpfe gegen die Treppenstufen schlugen.

Es gibt viele, viele gute Deutsche. Gott sei dafür gepriesen, sonst wäre die Welt ohne Hoffnung. Viele anständige junge deutsche Männer, die genau so in Ordnung sind wie unsere dänischen, wurden in Uniform gesteckt. Aber so lange sie damit einverstanden sind, dass das Regime, das sie selbst mit Heilrufen begrüßt haben, das Kommando über sie behält, sind sie mitverantwortlich. Wenn in einer Familie der Mann ein Trinker ist, dann kommt Unglück über die ganze Familie. So ist das nun

7 Kaj Munk denkt an die Gefallenen bei der Invasion am 9. April 1940 und an die Todesopfer des Volksaufstandes im August 1943.

einmal. Man kann sich nicht dazu missbrauchen lassen, als Wolf seine Zähne in andere Körper zu schlagen, und für sich selbst zu beanspruchen, wie ein unschuldiges Lamm behandelt zu werden. Das sind die harten Bedingungen, unter denen Krieg geführt wird; und so lange der andauert, sind es keine Menschen, sondern Uniformen, mit denen wir es zu tun haben. Wenn wir einen deutschen Soldaten in Dänemark sehen, müssen wir sagen: „Das ist eine deutsche Uniform" - und dürfen nicht vergessen, wofür diese Uniform steht.

Ich muss euch sagen, dass unaussprechlicher Schmerz mein Herz erfüllt. Denn unter den Mitgliedern meiner Gemeinde befinden sich Menschen, die ihre dänische Christenpflicht vergessen haben. In früherer Zeit sagte man: „Wenn ein armer Landarbeiter an den Sonntagen mit den Pferden, die er vom Hof seines Bauern ausgeliehen hatte, sein Stückchen Land bestellt, dann drückt Gott ein Auge zu." Nun, es kann auch heute noch hier und da einen armen Teufel geben, der Frau und Kinder hat und in dieser schweren Zeit nicht weiß, woher er das Brot für sie nehmen soll. Vielleicht ist Gott in diesem Fall wirklich barmherzig und drückt ein Auge zu. Und es kann auch geschehen, dass sie uns aus dem Schlaf reißen und uns einen Revolver an die Schläfen halten oder vor die Brust oder den Bauch, um uns mit roher Gewalt zur Mitarbeit zu pressen.

Wir wissen aber gut, dass Jesus und seine tapferen Apostel sich durch solche Kleinigkeiten keinen Schrecken einjagen ließen. Die gingen lieber in den Tod, als dass sie sich zu etwas zwingen ließen, was gegen ihr Gewissen ging. Das können wir doch auch. Aber wir halten uns für schwache Menschen. Vielleicht verlassen wir uns darauf, dass Gott auch in unserem Fall wieder ein Auge zudrücken wird. Doch wenn Dänen ohne zwingende Not, aus eigenem Entschluss und eigenem freien Antrieb ihr Vaterland und ihr Christentum verraten - aus übler Geldgier, dann sollen sie auch hier in der Kirche wissen: Der Reichtum, den sie auf diese Weise verdienen, ist ein Judaslohn, der ihnen zum Verderben gereichen wird.

In diesen Tagen werden 1500 Studenten aus unserem teuren Bruderland Norwegen zu Misshandlung und Vernichtung in deutsche Konzentrationslager geschleppt. Und wir hier in Dänemark sollten nichts für unser Land, für unseren Glauben, für unsere Ideen wagen? Oft hören wir über die Saboteure[8] sagen, sie seien Verbrecher, sie schadeten nur unserem Volk. Kommunisten werden sie genannt. Aber es sind nicht ausschließlich Kommunisten. Natürlich sind auch einige dabei, das ist so. Tatsächlich sind es Menschen aus allen Volksschichten. Es sind Dänen. Da ist der Sohn eines Bischofs, der Sohn eines Professors, eines tüchtigen Landwirts, eines Handwerkers. Sie sind Dänemarks Jugend, die man damals daran hinderte, für ihr Vaterland zu kämpfen, die man erst zur Landesverteidigung ausbildete und zurückpfiff, als sie zum Äußersten bereit waren, und sie der Lächerlichkeit preisgab. [9] Sie sind es, die es auf sich genommen haben, Dänemark die Würde wieder zurück zu geben. Und sie tun das mit einer einzigartigen Tüchtigkeit, mit einer Umsicht, die schon übermenschlich zu nennen ist. Ihre Aktionen haben fast keine dänischen Menschenleben gekostet. Aber sie selbst setzen fortwährend Leib und Leben aufs Spiel, ja, sie begeben sich in Lebensgefahr für größere

8 Es handelt sich um Mitglieder der im Untergrund agierenden dänischen Freiheitskämpfer.

9 Kaj Munk spielt auf die dänische Regierung an, die den deutschen Aggressoren klein beigab, und auf die Unzufriedenheit mit dieser Realpolitik vor allem unter den dänischen Offizieren. Als im August 1943 über Dänemark das Kriegsrecht verhängt wurde, versenkte die dänische Marine ihre Schiffe, statt sie den Deutschen zu übergeben.

Dinge. Es geht ihnen um mehr als darum, mit dem Leben zu spielen. Wenn es um Recht oder Unrecht geht, soll man nicht fragen, ob es sich auch rechnet - denn daran hat nur der Teufel Interesse. Aber hier lohnt sich der große Einsatz!

„Aber es wird auf uns zurückfallen!" Nein und abermals nein. Es würde auf uns zurückfallen, wenn wir nichts täten. Wenn wir nicht selbst die schlimmsten Anlagen des Feindes aus dem Weg räumen, wird unser Land selbst einmal mit einem Bombenhagel belegt. Und wenn wir die Komödie weiter spielen und weiter gute Miene zum bösen Spiel unseres Feindes machen, dann kuppeln wir ja bloß unseren kleinen Anhänger an Deutschlands großen Wagen auf dessen rasender Fahrt in den Abgrund.

Wir sind, solange wir unseren Glauben festhalten, kein altersschwaches Volk, das es sich gefallen lassen muss, als senil behandelt oder dominiert zu werden. Der Bauer kauft den teuren Kunstdünger - so teuer, dass es fast seine Möglichkeiten übersteigt - aber der bringt ihm im nächsten Frühjahr oder Sommer reichen Gewinn.

Zwanzig Jahre auf den Tag ist es her, dass ich zum ersten Mal hier auf die Kanzel stieg, unter der ich nun stehe.[10] Ich hätte niemals gedacht, dieses Jubiläum auf solche Art zu feiern. Zwanzig Jahre - viele, viele Erinnerungen stürmen auf mich ein. Ich schulde euch großen Dank für eure Anhänglichkeit und eure Nachsicht mit mir, der ich immer meine eigenen Ansichten hatte und habe, ganz verschieden von euch allen hier. Um so schmerzlicher ist es für mich zu erleben, was in diesen Tagen hier geschieht. Ich kenne die Namen im Einzelnen nicht und bemühe mich auch nicht, sie in Erfahrung zu bringen. Ich kann nichts anderes tun

10 Der Examenskandidat Kaj Munk hielt am 1. Januar 1924 seine Probepredigt in Vedersø. Er wurde als Pfarrer gewählt und nach bestandenem Examen in Vedersø am 1.Juni 1924 in sein Amt eingeführt.

als zu Gott zu beten, dass diese Gemeindemitglieder wieder zur Einsicht gelangen, in sich gehen und wieder ihren Platz als gute christliche Dänen in unserer Mitte finden. Amen.

Quelle: Zuerst veröffentlicht in Kaj Munk: I Guds Bismer – Sidste danske Prædikerner, Kopenhagen 1946, Seite 55 – 66; dann in Kaj Munk: Mindeudgave, Prædikener, Seite 356 – 359, jetzt in der elektronischen Kaj-Munk-Studienausgabe:

https://www.studieudgaven.kajmunk.aau.dk/tekster/vis/prædikener/104452/Nytaarsdag%201944

Im Aalborg Universitetsforlag erschien 2021, redigiert von Christian Grund Sørensen und Peter Ørstrøm, der Band: „Kaj Munk, Krigens Prædikener 1940-1944". Die „fünf politischen Predigten … " finden sich dort auf den Seiten 385ff, 401,ff, 411ff, 439ff und 457ff.
Es gibt eine open access Datei von „Kaj Munk, Krigens Prædikener 1940-1944".unter: https://aauforlag.dk/produkt/historie-kultur-litteratur-ebog/kaj-munk-krigens-praedikener-1940-1944

Weitere Bücher von und über Kaj Munk

Paul Gerhard Schoenborn
**Kaj Munk**
Der politische Pfarrer und Dichter,
den die SS erschoss
Paperback
96 S.; 2024; EUR11,00; ISBN: 978-3-943940-85-5
NordPark Verlag

Am 5. Januar 1944, fand man frühmorgens die Leiche von Pastor Munk auf Hørbylunde Bakke bei Silkeborg. Am Abend zuvor hatte ihn ein SS-Kommando in seinem Pfarrhaus in Vedersø verhaftet. Das Auto der SS fuhr lange durch die Nacht, hielt schließlich unterwegs, und Kaj Munk wurde kaltblütig erschossen. Es war ein von Hitler und Himmler angeordneter Terrorschlag. Mit der Ermordung Kaj Munks sollte der Widerstand im dänischen Volk gegen die Besetzung durch das Großdeutsche Reich eingeschüchtert werden. Wer aber war dieser Kaj Munk? Paul Gerhard Schoenborn stellt den politischen Pfarrer und Dichter mit Beiträgen zur Person, zur politischen Einstellung und zum literarischen Schaffen vor.

Kaj Munk
**Er sitzt am Schmelztiegel.**
Ein Drama aus dem Jahr 1938
Aus dem Dänischen übersetzt und herausgegeben
von Paul Gerhard Schoenborn
NordPark Verlag
Ca. 124 S.; 2024; EUR 12,00; ISBN: 978-3-943940-86-2

Bei einem Aufenthalt im Januar 1938 in Berlin schrieb Kaj Munk, der dänische Dichterpfarrer und Märtyrer (1898 – 1944) innerhalb weniger Tage dieses „politische Warnstück“ über die brutale Judenverfolgung und die ideologische Arisierung des Juden Jesus im nationalsozialistischen Deutschland.

Bis zum Beginn des Zweiten Weltkriegs sahen mehr als 160.000 Dänen das Drama. Es steht in einer Linie mit Zeitungsartikeln und Predigten, in denen Kaj Munk seine Landsleute wachrüttelte gegen die inhumanen, allen christlichen Werten Hohn sprechenden Judenverfolgungen des Hitlerregimes.

Dass die Dänen im Herbst 1943 den deutschen Versuch vereitelten, das Land „judenrein“ zu machen, liegt nicht zuletzt daran, dass Kaj Munks „Schmelztiegel“ das Resistenzpotenzial seiner Landsleute gestärkt hatte.

Der deutsche Lyriker und Schriftsteller Arnim Juhre über die Wirkungsgeschichte des „Schmelztiegels“: „Hier liegt der einmalige Fall vor, dass ein Schauspiel mitgeholfen hat, Hunderte von Menschenleben zu retten.“

Kaj Munk
**Geschichtliche Dramen.**
Vogel Phönix - Der Kardinal und der König -
Der Sieg - Ewalds Tod
Aus dem Dänischen übersetzt und herausgegeben
von Paul Gerhard Schoenborn
NordPark Verlag
Paperback: 276 S.; 2016; EUR 17,00; ISBN: 978-3-943940-16-9
Hardcover:276 S.; 2016; EUR 19,99; ISBN: 978-3-943940-17-6

Der dänische Dorfpfarrer Kaj Munk (1898 - 1944) gilt als einer der Erneuerer des skandinavischen Theaters im Zwanzigsten Jahrhundert. Zwischen den beiden Weltkriegen und auch noch im Krieg schuf Kaj Munk Theaterstücke, die in seinem Heimatland Dänemark verortet sind, zudem Schauspiele über biblische Gestalten und schließlich Dramen, in denen er konkrete historische oder aktuell politische Zusammenhänge mit den persönlichen, menschlichen Problemen seiner Akteure verbindet und in Tiefenschichten auslotet. Seine Schauspiele zeigen ihn als einen leidenschaftlichen Dichter, der Wesentliches über Glauben, Treue, Liebe, menschliche Würde, Herrlichkeit und Heiligkeit des Lebens, aber auch über die verheerenden Kräfte von Hartherzigkeit, Gerissenheit und Bosheit zu sagen hat.

Kaj Munk
**Das Wort.**
Drama
Aus dem Dänischen übersetzt und herausgegeben
von Paul Gerhard Schoenborn
Paperback
96 S.; 2022; EUR 12,00; ISBN: 978-3-943940-75-6
NordPark Verlag

„Ordet" – „Das Wort" ist das bekannteste Drama Kaj Munks (1898 - 1944). Das Schauspiel zeigt das Leben der Menschen in einem dänischen Dorf, so wie Kaj Munk es in Jütland erlebte. Es thematisiert soziale Gegensätze und Konflikte. Aber mehr noch: es zeigt die Spannungen zwischen Ratio und Glauben, Vernünftigkeit und Wahnsinn. Es ringt um Antwort auf einen sinnlosen, viel zu frühen Tod - eine Problematik, die Kaj Munks eigenen Glauben an Gott existentiell herausforderte. Kaj Munk schrieb „Das Wort" im Jahr 1925. Keine Theaterdirektion besaß den Mut, das Stück auf den Spielplan zu setzen. Erst am 2. September 1932 wurde „Ordet" im Privattheater Betty Nansen in Kopenhagen uraufgeführt, das zu der Zeit kurz vor dem Konkurs stand. Die Premiere wurde ein überwältigender Erfolg, das Theater war gerettet, „Ordet" die Sensation des Kopenhagener Kulturlebens. Bereits in der Saison 1932/33 erlebte „Das Wort" in Skandinavien 582 Aufführungen. Der dänische Regisseur Carl Theodor Dreyer schuf nach Kaj Munks Schauspiel einen viel gerühmten Filmklassiker, der 1954 auf der Biennale in Venedig den ersten Preis erhielt.

Kaj Munk
**Dänische Dramen.**
In der Brandung - Liebe - Das Meer und die Menschen -
Eine Kalendergeschichte - Der Pfarrer von Vejlby
Aus dem Dänischen übersetzt und herausgegeben
von Paul Gerhard Schoenborn
Paperback: 412 S.; 2017; EUR 22,50; ISBN: 978-3-943940-25-1
Hardcover: 412 S.; 2017; EUR 29,00; ISBN: 978-3-943940-24-4

Er war ein auffälliger Zeitgenosse, der dänische Dorfpfarrer Kaj Munk, geboren am 13. Januar 1898 in Maribo auf Lolland. Er wirkte zwanzig Jahre als Seelsorger in Vedersø, einer kleinen Gemeinde von Bauern und Fischern an der Nordsee, bis ihn am 4. Januar 1944 ein SS-Kommando liquidierte. Mit ihm sollte der dänische Widerstand gegen die deutsche Besetzung getroffen werden.
Zugleich war er ein viel beachteter Feuilletonist und im ganzen Norden gefeierter Dramatiker. Kaj Munk gilt bis heute als eine der wichtigsten, viel diskutierten, aber auch umstrittenen Kulturpersönlichkeiten Skandinaviens der dreißiger Jahre des zwanzigsten Jahrhunderts.

Kaj Munk
**Ein Idealist**
Einige Szenen aus dem Leben eines Königs
Aus dem Dänischen übersetzt und herausgegeben
von Paul Gerhard Schoenborn

Arne Munk
**Der Dramatiker Kaj Munk**
**und die geistige Situation seiner Zeit**
Paperback
192 S.; 2018; EUR 14,00; ISBN: 978-3-943940-44-2

Kaj Munks monumentales Drama »Ein Idealist« mit dem untertreibenden Untertitel: »Einige Eindrücke aus dem Leben eines Königs« hatte am 8. Februar 1928 im Königlichen Theater Kopenhagen Premiere. Der junge Pfarrer aus der kleinen Bauerngemeinde Vedersø an der jütländischen Nordseeküste stellte sich mit diesem Schauspiel erstmalig der dänischen Kulturszene als Bühnenautor vor.
Es ist ein historisches Schauspiel und handelt von dem unbedingten Herrscherwillen des jüdischen Königs Herodes des Großen.
Das Premierenpublikum war begeistert, die Theaterkritik aber zerriss das Stück. Es sei zu realistisch, zu brutal, zu sehr auch eine subversive Kritik am Ideal der Moderne, dem nietzscheschen Übermenschen. Heutige Theaterleute bedauern, dass »Ein Idealist« mit seiner Handlungsstärke niemals als Vorlage zu einem Hollywood-Breitwandfilm diente.
In dem beigefügten Essay »Der Dramatiker Kaj Munk und die geistige Situation seiner Zeit« zeigt Arne Munk, einer der besten Kaj-Munk-Kenner, welche Anliegen sein Vater in seinem dramatischen Werk so vehement vertrat. »Tatsächlich erkannte die Zeit sich in ihm wieder. Oder vielleicht genauer: Sie spürte durch ihn etwas von ihrer Eigenart. Gern gab man ihm daher das Geleit zum Gipfel des Berges, solange er nur nicht verlangte, man solle sich mit ihm in den Abgrund stürzen.«

Kaj Munk
**Unruhestifter**
(Alverdens Urostifterne)
Drama
Aus dem Dänischen übersetzt und herausgegeben
von Paul Gerhard Schoenborn
Paperback
76 S.; 2023; EUR 10,00; ISBN: 978-3-943940-82-4

Zeit seines Lebens war Kaj Munk fasziniert von dem Juden Saulus/Paulus und der Unbedingtheit, mit der dieser „Völkerapostel" die Botschaft, der gekreuzigte Galiläer Jesus von Nazareth sei der Erlöser der ganzen Welt, über die Grenzen des Judentums hinaustrug.

Noch in der Weihnachtszeit 1943 arbeitete er an einem Drama über ihn und die erste Generation der Jesusbewegung, über ihren Glauben und ihren Mut und die Verfolgungen, die sie erlitt. Auf dem letzten Manuskriptblatt seines Entwurfes vermerkte Kaj Munk ein Datum: „Vierter Weihnachtstag 1943". Acht Tage darauf, am 4. Januar 1944, wurde er in seinem Pfarrhaus von einem SS-Kommando verhaftet und nachts in den Hørbylunde Bakker nahe Silkeborg ermordet.

Kaj Munk
**Von der Zeitenwende**
(Fra Tidehvervet)
Drama
Aus dem Dänischen übersetzt und herausgegeben
von Paul Gerhard Schoenborn
Paperback
132 S.; 2023; EUR 12,00; ISBN: 978-3-943940-80-0

Kaj Munk hat das Drama im Sommer 1928 fertig gestellt. Auf seiner Kladde stehen nur drei Buchstaben: »T.L.C« - die Anfangsbuchstaben des Namens der Hauptgestalt des Stückes, eines römischen Naturphilosophen und Dichters: Titus Lucretius Carus.
Der junge Pastor aus Vedersø fand kein Theater, das sich für das Stück interessierte. Es setzt profunde Kenntnisse der griechischen und römischen Antike voraus, wäre also damals nur den wenigen humanistisch Gebildeten im Lande verständlich gewesen. Professor Hans Brix, der literarische Berater des Königlichen Theaters in Kopenhagen und auch Berater des Dichters, schlug ihm deshalb vor, es als Buch erscheinen zu lassen, es sei im Grunde ein Lese-Drama.